YOBEL

ヨベル新書043

THE STORY of GOD
a narrative theology

神の物語

上

マイケル・ロダール［著］
MICHAEL LODAHL
大頭眞一［訳］

YOBEL,Inc.

THE STORY of GOD : a narrative theology
2nd edition 2008
by Michael Lodahl
Beacon Hill Press of Kansas City
U.S.A.
Japanese translation by
Shinichi Ozu, 2017
YOBEL, Inc.
Tokyo, Japan

「神の物語」推薦の言葉

２０１２年の聖化大会に、米国ナザレンの神学者・説教者マイケル・ロダール博士を迎えます。それに先がけて、ロダール博士の著作を出版します。翻訳は、日本イエス・キリスト教団の大頭眞一先生。先生は英国の神学校で学んでいた頃、この本に神学の教科書として出会い、それに魅了され、どうしても邦訳をと、翻訳を聖化交友会出版に持ち込まれました。

独特な魅力があふれている本です。キリスト教神学の全体を、創世記に始まって黙示録まで聖書を、物語ることによって説明してくれるからです。私たち読者は哲学者でも神学者でもありません。そんな私たちに難解な神学の講演を聴かせてくれても、頭が痛くなるばかりです。ロダール博士は聖書の物語に慣れ親しんでいる私たちに、「難しい神学も、こうして読むと心に届くよ」と言わんばかりに、説教をするかのように、聖書を解き明かしながら、神学の本題・神学の課題へと私たちを導き、連れて行ってくれます。

もう一つの魅力は、この本がウェスレアンの立場を大胆に、積極的に現代に生かすことに情熱を燃やしていることです。ウェスレーの神学を解説してくださいと頼まれれば、冒険する必要はありません。正統的な枠組みで、歴史資料に忠実に、自分なりの解説を試みれば良いのです。

しかし、ウェスレー神学の立場にあって、現代の課題を意識して、今の人々に通用する神学をしてみてください、と言われたら、これは大きなチャレンジです。私たちはそのチャレンジを受けて立つことができないほど、応用力に欠け、また現代の課題に取り組むには不適格だと認めざるを得ません。自分の不勉強に恥じ入るばかりです。ということは、著者は博学だということです。現代の神学者が関心を抱いている事柄のすべてに精通しているほど博学だということです。しっかりと読んで、仮に批判の一つや二つを絞り出すことができたら、私たちも著者と肩を並べることができるかもしれません。

藤本　満（イムマヌエル綜合伝道団代表、高津キリスト教会牧師）

明快な語り口、わかりやすい描写、人を動かさずにはおかない洞察。マイケル・ロダールの『神の物語』は、大学でキリスト教神学を教えるときにまず取り上げるべき一冊である。この世界における神の救いの物語は、ロダールによって、代々の教会がたどってきた伝統と、現代神学の関心を巧みに対話させつつ、語られている。牧師もプロの神学者も、研究課程の学生も、皆がこの書から大きな利益とチャレンジを受けることになるだろう。

ブライアン・ストーン（E・スタンレイ・ジョーンズ宣教学博士　ボストン大学神学部）

ロダールの魅力的なこの書は、イスラエルの神であり、私たちの主イエス・キリストの父なる神が、心を砕き、自ら手を差し伸べて、全ての人々、いや全ての被造物を贖おうとして働いておられるというテーマを説き明かしている。アブラハムに始まり、イエス・キリストにおいて成就する救いの歴史が見事に描き切られているのである。

ウィリアム・M・グレイトハウス（ナザレン教団　名誉総理）

『神の物語』はキリスト教神学の訓練へのすばらしい手引きである。マイケル・ロダールは読者と対話し、楽しませながら、キリスト教の信仰と生き方の神秘の深みへと読者を導き入れる。人間の存在のあらゆる面にダイナミックに浸透する神学。ロダールはそのような神学を実現させた。

エリック・R・サヴァーソン（イースタン・ナザレン大学　神学部助教授）

私は幼いころに神を敬うことを学んだ。けれども、マイケル・ロダールの「神の物語」は私を神に似た者と変えてくれる。そして、私が神の物語を学生たちに伝える情熱を与えてくれる。

ナンシー・ピッツ（アフリカ・ナザレン大学　神学部）

日本語版への序文

ふりかえってみると本書の第一版（一九九四年）のために序文を書いたのが、はるか昔のことのように思えます。第二版（二〇〇八年）が出るまでの間に、私は別の神学校に移って教えることになり、子どもたちは成人して、私と妻ジャニスは幸せな祖父母になりました。またこの年月が、神学者・神学教師として召されたことが豊かに酬われた年月であったことを感謝しています。

本書「神の物語」は私のこれまでの奉仕の中でもとりわけ大きな意味をもっています。夢にも思わなかったほどに多くの人々が本書を読んでくださり、有益であると評価してくださいました。このことを思うと、喜びと同時に、恐れおののきを感じています。いっさいの栄光を主にお返しして、讃美と感謝をおささげします。

私を助け励まし続けてくださる真摯な学徒の交わりであるポイント・ローマ・ナザレン大学にも感謝します。共に生き、共に考えることを通じて絶えずインスピレーションを与えてくれた神学部の同僚たちはなおさらのことです。加えて同大学の特別プロジェクト助成金によって、同大学助手スティーブン・ベイル氏から編集上の多くの尽力をいただくことができました。

この第二版では初版に比べて、いくつかの点が強調されています。

第一の、そして最も重要な点は、教会が神の物語を語るときの「イエス・キリストの中心性」に、さらに意識的に焦点が当てられていることです。キリスト論に関して新たな章を追加することはしていませんが、キリストに関する記述を増やし、全体を通してキリスト論の理解を深める工夫をしています。

第二に、初版が出版されて以後「オープン・セオロジー」をめぐる議論が活発に行われるようになって来ました。このため第二版では、神が単に万物の創造者であるだけではなく、愛とあわれみによって自ら進んで被造物との契約の関係に入りこむお方であることをより詳しく論じました。この関係が相互のギブ・アンド・テイクを伴っており、被造物の自由意志と責任の余地を許すものであることを、聖書から明らかにすることに努めた結果、初版よりもさらに注意深く入念な考察を加えることができたと信じています。神と被造物のこの双方向の関係は、上述の第一点であるキリスト論的強調と分かちがたく結びついています。なぜならイエス・キリストは神と人間の双方向の関係を究極的に啓示するからです。

第三に、イエス・キリストを通しての神の救いのわざは人間だけではなく全宇宙を対象にしていることについては、初版でもふれていましたが、第二版ではさらに十分に言及しました。ウェスレアン神学の伝統にいる私たちは、この点においても私たちの神学のメンターであるウェスレーから、いかに多くのことを学ぶことができるかに気づきつつあります。ウェスレーは、イエス・キリストにおける全被造物の解放について深く理解していたからです。この点についてはポイント・ローマにおける同僚ジョン・ライトに負うところが多くありました。

もちろん「全被造物」には日本とそこに住む人々が含まれています。その日本のために『神の物語』を翻訳してくださった大頭眞一牧師の労苦と献身に感謝します。二〇一一年三月十一日の東日本大震災の被害の中で復興のために現在も苦闘しておられる日本の皆さまに、そして特に日本にあるイエス・キリストの教会に、心からの祈りと愛を添えて本書を献げます。この困難な暗い時にあって、日本の兄弟姉妹の愛が、神とすべての隣人に対して光り輝きますように。また皆さまがたを通して、神の贖いの愛が活き活きと証しされますように。

二〇一一年九月

マイケル・ロダール

神の物語　上

目次

（グレーの文字表示は下巻に収録されています）

神の物語　下（下巻目次　第五部～第七部及び解題）

装幀／ロゴスデザイン：長尾　優

本書は、『神の物語』と題して２０１１年に日本聖化協力会出版委員会から刊行された。今回、委員会の許諾を受けて、ロダール博士の来日講演2本と関野祐二先生の書き下ろし〝新書版に寄せて『神の物語』の衝撃と影響〟を加えて再編集したものです。

第一部
神の物語はいかに語られるか

「初めに、神が……」（創世記一・1）

聖書のこのオープニングは、「わたしのなぞを解いてみよ」と叫んでいる。これは知恵あるユダヤの聖書注解者ラビ・ラシの言葉である。その叫びは現代の私たちにも変わらず響いてくる。読むことは解釈することである。解釈しないで何かを読むことは不可能である。そして神は私たちの手と心と理性に解釈をゆだねたのだから、解釈することを恐れなくてよい。本書もまた聖書を解釈している。そしてこの本を手に取るあなたも解釈することへと招かれている。地味で労苦を要するが、同時に素晴らしい喜びを与えてくれる聖書解釈という作業へとあなたも招かれているのである。

聖書に限らないことであるが、どの物語でも最初のページの最初の行から読み始めるのが一番よいだろう。しかしこの創世記のオープニングの解釈にはいったいどこから手をつけたらよいだろうか。このオープニングは様々に解釈されてきたが、ここで試みるのは、これを読者に対する招待、今から始まる冒険、今から語られようとしている物語に、読者にも参加するように誘う招待だとする解釈である。

人間は物語る生き物である。私たちは物語を語ることを好み、聞くことを好む。また私たちは、自分の人生も一つの物語として理解しようとする。物語には、始まりがあり、主要な登場人物がおり、筋がある。各章ごとに、波乱と進展、どんでん返しがあり、そして全体に意味を与えることになる結末がある。また、誰か他の人の物語を聞くことは、私たち自身の物語にたびたび、光を投げかける。私たちはしばしば他の人の物語の中の登場人物であり、他の人々もまた私たちの物語の中の登場人物である。

近年、聖書を大きなひとつの物語（その中にはたくさんの多様な小さな物語が含まれている）として見る聖書学者や神学者の数が増えていることは驚くにあたらない。彼らはまた、神学（英語の theology はギリシャ語の theos「神」と logos「ロゴス＝言葉」から来ている。すなわち神についての議論）の役割は、教会の役割がそうであるように、聖書の物語を忠実に語り、その救いの力を証しし、そのメッセージを言葉と行いとによって繰り返し伝えることにあると考える。この、聖書の物語を大切にし、聖書の物語によって神学を形造ろうとするスタイルは、通常「物語の神学」と呼ばれている。

本書は、物語の神学を入門レベルで紹介しようとするものである。入門というのはレベルを下げるという意味ではなく、プロの神学者でない人々を読者として考えているという意味である。また、本書は、クリスチャンが二千年の間語り継いできた壮大な物語の成り立ちを示そうとしている。二千年の間に、聖書の中から、また教会が年輪を積み重ねる中で、様々な教理や疑問、論争が生まれてきた。クリスチャンたちが、毎日生きるために苦闘しつつ、いかにこれらと取り組み、これらを互いに編み合わせてきたかを見渡そうというのである。つまりこの本は、物語の神学をスタイルとして採用し、神学的にはウェスレアン神学に立つキリスト教神学の入門書である。

さて、「初めに、神が……」という創世記の最初の言葉に戻ろう。この言葉は少なくとも二つの大切なことを教えている。

第一は、創世記が語ろうとする物語は「神の物語」だということである。多くの登場人物が、聖書のページをにぎわせる。けれどもこのオープニングは、聖書の物語が徹頭徹尾、神の物語であるという根本的な原則を教えている。神はときどきは舞台裏に隠れているように見えるかもしれない。しかし物語は完全に、神自身の物語であり続ける。神の物語は、神の愛・神の力・神の恵み・神のあわれみを語り続けるのである。

だから、聖書は、その主役である神の存在を証明することにはほとんど関心を示していない。このことはすでに多くの人々によって指摘されてきた。神の存在は物語のそもそもの始まりから、単純に自明のこととされている。神についての聖書の証言をテストすることができる基準は他には存在しない。そしてこの神は、一般的な神ではなく、抽象的な神でもない。この神は、イスラエルの神である。モーセとミリヤムの神、祭司たちと預言者たちの神、アブラハムとサラの神、エズラとネヘミヤの神である。そして私たちの主イエス・キリストの神であり、父であるお方である。

神学に取り組むにあたって心すべきことは、私たち人間の神についての知識と理解には、限界があるということである。イスラエルと教会の神、創造主にして贖い主である神について私たちが知り得ることは限られている。私たちは土から造られた限りある弱い存在であり、しょせん私たちの思いは神の思いではない。けれども、だからといって私たちがゼロであるというわけではない。聖書のオープニングを真剣に受けとめる者は、何億もの銀河から構成されたこの私たちの宇宙は、その存在を望んだお方がおられるがゆえに存在することを信じるはずである。神という作者による物語と考えること、それはこの宇宙を実によく表している。神が創造者であるとする信仰は重要である。なぜなら、現代には別の物語も語られており、そこでは宇宙も私たちも、全くの偶然によって存在するに過ぎないとされているからである。

そうした物語においては、偶発的な小さな物語以外の物語は発生しない。そしてそんな小さな物語はすぐに忘れ去られて、私たちはみな意味のない芝居の幕切れと共に消えていく。これが一般に信じられていることである。これとは対照的に、「初めに、神が……」の言葉は、私たちの生涯における出来事や行動を意味ある壮大な物語の中に置く。宇宙全体も、この物語の中に置かれている。この物語の主人公は神である。聖書は単純にこの主役の存在を前提としているが、一方で神学者たちがこの前提に何らかの論理的根拠を提供しようとしてきたことは付け加えておかなくてはならない。後に第3章で、その根拠のいくつかを見ることにしよう。

創世記のオープニングが私たちに示唆するもう一つのことは、神が「初めに……」創造を始め、それに続く創世記一章の創造の六日間そのわざを継続されたことである。物語は順序に従って起こる。物語には、始めと終わりがあり、その間に物語の内容となる出来事が起きる。だから物語は一度には起こらない。物語の進展には時間がかかるのである。聖書においては、神は時間の中に現れる。神は自ら進んで時間と関わり、ご自分が造ったものたちの歴史に関わる。物語の主役である神が恵み深くも造られた世界に住み、歴史の中で被造物と実際に関わり合う。このことはたいへん重要なので後ほどさらに詳しく論じる。時間や方向、ゴールの概念は、神の物語において欠くことができない要素であって、これらを用いずして神の物語が語られることはない。

創世記のオープニングにおける以上の二つの観察、すなわち神が主役であること、またこの主役が被造物の世界に入りこんで、時間の中で働いておられることを理解したなら、私たちの物語の神学へのイントロダクションも半ばまで来たと言ってよい。残るもう一つの要因に注目しよう。それは物語の読者、すなわちあなたである。物語の神学によるアプローチの強みの一つは、もしそれが効果的に働くなら読者に自分自身を物語の中に置くようにと挑戦することである。神が園でアダムを探して発した「あなたは、どこにいるのか」という問いは、アダムに対するものであると共に、読者に対するものでもある。この点で主イエスは物語の神学の巨匠であった。その数多い例の中の一つに、よきサマリヤ人の譬えがある。この譬えは「そして、彼らはいつまでも幸福に暮しました」とは終わらない。そうではなくて「この三人の中でだれが……隣人になったと思いますか」という問いと「行って同じようにしなさい」（ルカ一〇・36、37）というチャレンジが続くのだ。

だから、神学に真剣に取り組むことは、自分自身がその中に巻き込まれることであり、自分自身を神の物語の中に投じること、さらに正確に言うなら、自分が神の物語の中に投げ込まれることである。けれどもこのことは、プロであれアマチュアであれ神学者が物語そのものについていかなる疑問も抱かないという意味ではない。疑問を抱き、真剣にそれと取り組むことは神学の重要な一部分である。そして神学の世界に足を踏み入れることは、驚きを経験することである。神学とは、聖書の物語に驚きながら、探し、求め、とびらをたたくことであって、そうする者には答えが与えられるのである。いつもその場で直ちにとは限らないけれども。

第1章　神のことば「聖書」

第一部のテーマは、「神の物語が語られる方法」である。神の物語は多くの点で、人の物語が語られる方法と似ている。けれども、神の物語は古い古い物語であるという点で、他の物語とは異なる。それは多くの語り手によって長い時間をかけて語られてきた物語であり、それゆえに入り組んだ複雑な物語である。物語の主役である神は控えめで、私たちが物語を細部にいたるまで正確に受けとることにはあまり関心をもっていないようにも見える。クリスチャンたちの多くは神が彼らに、あるいは彼らの教派や教団に、物語の全ての正しい詳細を教えていると確信しているにもかかわらず、教派や教団は互いに一致できないでいるし、神も議論を決着させるために何かなさっているようには思えないからである。これらのことは神学の仕事を複雑にしているが、同時に実り豊かなものにもしている。

神の物語を語ることは複雑な仕事であるが、キリスト教神学者が一致して認めるのは、聖書という共通の権威ある出発点である。聖書は、神学すなわち神に関する思索の出発点である。さまざまなジャンルにわたって、幾世紀もの間に集められた文学の膨大なコレクションである聖書において、クリスチャンは神の物語に出会い、愛ゆえに世界を創造し、イエス・キリストを通して世界を贖うお方に出会う。だからこのような讃美歌が歌い継がれている。

古い古い、目に見えない天上の物語を語ってください
イエスとその栄光の物語　イエスとその愛の物語を
幼な児に語るようにやさしく　語ってください
私は、弱く、疲れ果て、頼るものもなく、汚れた者ですから

私にもわかるように　物語を聞かせてください
すばらしい贖いを　神からの罪のいやしを
私が忘れないように　物語を何度でも聞かせてください
朝露は昼には消えてしまうものですから

古い古い、物語を語ってください　古い古い、物語を語ってください
古い古い、物語を語ってください　イエスとその愛の物語を

キャサリン・ハンキー

＊聖歌四三六「かたりきかせよ」訳者による翻訳

十九世紀のこのシンプルな讃美歌は、古典的な名作とはいえないかもしれないが、聖書の物語が持つ希望といやしの力を端的に表現している。

「古い、古い、イエスとその愛の物語」が力を持つのは、それが神のみわざを語っているからである。イスラエルの神、すべてのものの創り主である神は、被造物との愛の交わりを楽しむ恵み深いお方である。そして神は愛ゆえに、人となって私たちのひとりとしてこの世界の中に入り込んでくださった。それは私たちとすべての被造物の贖いのためであった（ローマ八・18〜25）。ユダヤ人は、エジプトからの脱出とそれに続くシナイ契約の成立を特別に重要視する。これらの出来事において、神がイスラエルを救う神であることが最も鮮明に示されたからである。現在もユダヤ人が過ぎ越しの祭りを祝うのはこのためである。クリスチャンは、

ナザレのイエスの生涯と宣教に、出エジプトと対になった救いの出来事を見る。特に重視されるのは主イエスの死と復活であり、このためクリスチャンは洗礼と聖餐を祝う。クリスチャンが「イエスとその愛の物語」を語ることを愛してやまないのは、その物語が、私たちの救いのために働く愛なる神を語るからである。

このようにユダヤ教においてもキリスト教においても、信仰は、出来事・時間・場所・歴史に確かな足場を持っている。聖書の信仰は、哲学的で瞑想的なアジアの宗教とは鋭く対立する。また、古代ギリシャ人による思索的な永遠の真実の探求とも相容れない。なぜならギリシャ人にとっての永遠とは、歴史によって変化や影響を受けないという意味だからである。

聖書に基づく信仰が歴史的な出来事に土台を置く、特に主イエスの生涯と宣教と死と復活に土台を置くと言うとき、今度は「歴史とは何か」が問題になる。歴史とは単に今までに起こったすべての出来事を意味するのだろうか。歴史とはどんなに小さなことであっても、すべての出来事を含むのだろうか。そうだとすれば歴史は、私たちの能力では把握できないことになる。私たちには全ての出来事を知ることはできないし、実のところ全ての出来事が重要なわけでもない。自明のことだが、福音書も主イエスの生涯に起こった全ての出来事を記録しているわけではない。だからこの捉えがたい「歴史」を捉えるためには、何らかの判断や価値の基準を採用する必要がある。例えばあなたが自分のこれまでの生涯を語るように頼まれたとしたら、今までに起こったこと、今までしてきたことの全てを語ろうとは思わないだろう。重要ではない多くの小さな出来事は思い出すことさえできない。大切なのは私たちの人生を変えた出来事や人々や決断であって、それらは決して忘れることができない。「今ある私」を作ったのは、それらだからである。

はるかに大きなスケールにおいて、歴史にも同じことが言える。歴史は、国家・民族・教派などの共同体が共有する認識や記憶によって構成される。通常、歴史は共同体を代表する歴史家と呼ばれる人物によって書き留められる。その際には、どの出来事を書き留めるかという選択がなされ、特定の観点から特定の理由に基づいて、それらの出来事に解釈がほどこされる。

例えばほとんどのアメリカ人は、カスター将軍がアメリカの歴史において重要な人物であることに同意する（訳者注・カスター将軍は南北戦争での勇猛さと、赤いスカーフに長い金髪という派手ないでたちから国民的な人気者だったが、彼とその第七騎兵隊は一八七六年六月二十五日、モンタナ平原のリトル・ビッグホーンの戦いでシャイアン族とスー族の連合軍に全滅させられた）。しかし、カスター将軍とは何者だったのか。リトル・ビッグホーンの戦いの直後の西部への移住者にとって、カスターは天国の門を開けるために自分の命を与えたキリストのような人物とみなされた。二十世紀の初頭においては、キリストのようなという部分は別にしても、それでもまだ彼は英雄的愛国者とみなされていた。けれども一九六〇年代から七〇年代初めのアンチ・ヒーローの時代になると、カスターは一般に、自己顕示欲の強いおどけ者として軽蔑されるようになった。最近では、カスターは、アメリカ政府による犠牲者だと理解されている。つまりアメリカという国について語られる大きな物語が左右に振れるたびに、カスター将軍という人物に対する理解もまた振れてきたのである。

だから歴史と物語は切り離すことができない。どの個人の歴史も、どの民族の歴史も、行為や出来事を選択し、解釈している。これはまさしく物語を語る場合と同じである。歴史と物語はどちらも、その物語性によって人々の帰属意識を明確にする。このことが意味する大切なことは、人間の歴史についての異なる見方の数だけ、異なる歴史が存在するということである。さまざまな文化・民族・宗教はみなそれぞれの歴史を持ち、自分たちの物語を語る。そしてその物語はそれぞれ異なり、時には正反対でさえある。

歴史のこうした性格を知ることは、聖書を理解するために重要である。先ほどから歴史について論じている理由をもう一度確認しておこう。きっかけは、聖書の信仰が歴史上の出来事に土台を置いており、神が紛れもなく地球の歴史の中で私たちの救いのために働いておられるという点であった。聖書各巻のそれぞれの著者たちは、歴史の中に起こった出来事を、生きて働かれる神のみわざであると解釈した。出エジプト記一四章のユダヤ人の解放と救いの記事はその好例である。そこには「モーセが手を海の上に差し伸ばすと、主は一晩中強い東風で海を退かせ、海を陸地とされた。それで水は分かれた」（21節）とある。有名な映画「十誡」のあの場面、チャールトン・ヘストンが岸にいると海が一瞬のうちに分かれていく、あの場面は、神ではなくモーセに注意を集中させてしまうから、忘れた方がよい。忘れてはならないのは、出エジプトの水が分かれる記事と、創世記一章の大空の下と上の水が分けられる天地創造の記事（7、9節）の類似である。イスラエルの解放は新しい創造だったのである。

出エジプト記には「一晩中強い東風……」とある。だから聖書は、自然の要因を排除するのではなく物語の中に取り込んでいる。実際に起こったことは強風が吹いたことであり、その出来事を解釈したヘブル人信仰者は「主は一晩中強い東風で海を退かせ、海を陸地とされた」と歴史を記した。けれども、ここが創世記一章の創造の物語の「神の霊（風）が水の上を動いていた」（2節）を思い出させることを忘れてはならない。だからイスラエルの解放の物語は、イスラエルの創造の物語なのである。水を分ける神の行為が、神ご自身の新しい国民を創造したのである。後にヘブル人たちが無事対岸へ着いた時に、モーセはこの解釈をさらに詩的に表現した讃美歌を作った。

「主よ。あなたの右の手は力に輝く。主よ。あなたの右の手は敵を打ち砕く……あなたの鼻の息で、水は積み上げられ、流れはせきのように、まっすぐ立ち、大いなる水は海の真ん中で固まった。」（出エジプト一五・6、8）

ヘブルの預言者たちも同様にイスラエルの国内外の繁栄（そして衰退）を神の活動によるものだと解釈した。イスラエルの衰退はしばしば、人々の不誠実と偶像礼拝に対する懲らしめだと解釈された。もちろんそのような出来事を、単純に国際政治の力関係に帰してしまうこともできる。どちらの解釈を選ぶかによって、バビロンがイスラエルの罪に対する神の罰なのか、それとも単なる強欲な征服者だったのかが決まる。けれども聖書全巻は、イスラエルを神の物語の舞台だと理解している。使徒たちも同じ立場からイエス・キリストをメシア（救世主）だと宣言した。彼らは先だつ預言者たちのように、イスラエルの歴史の中で、神が人間と全ての被造物の贖いのために働いておられると確信していた。主イエス自身も弟子たちの確信を励まして、「人々は人の子をだれだと言っていますか」や「それでは、あなたがたはわたしをだれと言いますか」といった質問をなさった（マタイ一六・13、15）。この質問に対する人々の答えが様々であったことは、正解が自明なことではなかったことを意味する。ペテロが「あなたは生ける神の御子キリストです」と言ったとき、主イエスはそれが神からの啓示であることをお喜びになった（16～17節）。けれども当時、主イエスについては、他にも数多くの解釈があった（「バプテスマのヨハネだと言う人もあり、エリヤだと言う人もあります。またほかの人たちはエレミヤだとか、また預言者のひとりだとも言っています」（14節）。弟子たちはどちらかというと好意的な解釈だけを書き記したように思われる。実際には当然、もっと様々な解釈があったはずである）。つまり、聖書の中の四つの福音書は、ここまで私たちが歴史について論じてきた意味において、まさに歴史なのである。福音書はイエスの生涯と宣教における出来事に基づく物語であるが、そこで取り上げられている出来事は、「キリストへの信仰」という特定の理由から選ばれ、その同じ観点で描かれ、「キリストへの信仰」を励ますという特定の目的のために書かれた。福音書は、聖書の他の部分がそうであるように、神学的歴史、あるいは歴史物語として語られた神学である。

聖書が神学的歴史であるということの例を一つお目にかけよう。クリスチャンの信仰の中心となる出来事は、イエスの死からの復活である。歴代のクリスチャンは、イエスの復活が一世紀のパレスチナで実際に起こったことを確信してきた。使徒パウロは「私があなたがたに最もたいせつなこととして伝えたのは、私も受けたことであって、次のことです。キリストは、聖書の示すとおりに、私たちの罪のために死なれたこと、また、葬られたこと、また、聖書の示すとおりに、三日目によみがえられたこと」（Iコリント一五・3、4）と書いた。十字架に架けられた主イエスを神が復活させ、それによって私たちを救ってくださったと、パウロも初代教会も考えていた。「キリストが復活されなかったのなら、私たちの宣教は実質のないものになり、あなたがたの信仰も実質のないものになる……もしキリストがよみがえらなかったのなら、あなたがたの信仰はむなしく、あなたがたは今もなお、自分の罪の中にいる」（14、17節）とある。「三日目に」キリストがよみがえったことこそが歴史の中に行われた神の決定的な救いのわざだったのである。

しかし四つの福音書をよく読めば、復活はかなり自由に語られていることに気づく。例えば最も早く書かれたとされるマルコの福音書は、女性たちが週の初めの日にイエスの墓に来たとき「真っ白な長い衣をまとった青年が右側にすわって」（一六・5）おり、その若者が挨拶したと言う。一方、マタイは彼を「主の使い」（二八・2）、ルカは「まばゆいばかりの衣を着たふたりの人」（二四・4）、ヨハネは「ふたりの御使いが……白い衣をまとって」（二〇・12）としている。

マルコと他の福音書の違いは重要である。なぜならマルコは「真っ白な長い衣をまとった青年が右側にすわって」と書いた若者を、もう一人の名前を記されていない「ある青年」（これもマルコだけに登場する）、あのゲッセマネで主イエスが逮捕されたとき、下着（「亜麻布」）を暴徒の手に残し、裸で恥にまみれて、夜の闇に逃げ込んだあの青年（一四・51〜52）とはっきりと対照させて書いているからである。伝統的にこの逃げた「ある若者」はマルコ、この福音書の著者だとされてきた。マルコは墓にいた天使に対して、あえて「青年」という言葉を使った。それは、この落ち着いてきちんとした服で装った「青年」と、裸で恐れのあまり逃げ出したあの若者を鋭く対比するためである。二人の若者は、どちらもマルコである。マルコは自分を「真っ白な長い衣をまとった青年が右側にすわって」として復活の物語の中に登場させた。もちろん彼は実際にはそこにいたわけではない。けれども、彼もまた主イエスの復活の証人であり、この復活のもたらす力が、マルコがこの世の力に感じていた恐れとためらいを、自信と確信に変えたことを伝えようとしたのである。

以上のマルコによる表現上の作為は、復活の歴史的信憑性をいささかも揺るがせるものではない。マルコの意図は、イエスの復活は「距離を置いて遠くから」では理解できないことを読者であるあなたに伝えることにある。信じることは証人になることである。マルコのように造り変えられた証人になることである。あなたもまた、確信をもって、勝利の笑みを浮かべながら空の墓のかたわらに座ることができる。あなたもまた、生涯を変えてしまう物語の中に入っていくことができる。今も進行中のイエスの復活の力の物語に入っていくことができるのである。

復活の記事には、他にも興味深い相違点がある。なぜマタイだけがイエスの復活と並べて「また墓が開いて、眠っていた多くの聖徒たちの死体が生き返った。そしてイエスの復活の後に、墓から出て来て、聖都に入って、多くの人に現れた」（二七・52〜53）と述べているのだろうか。それはマタイが、終わりの時の神の聖徒の復活を信じていた同胞に対する宣教に燃えるユダヤ人だったからだろうか。またなぜルカだけがエマオ途上の落胆した弟子たちと歩くイエスの物語、そして、この弟子たちが心燃やされてエルサレムに帰って「パンを裂かれたときにイエスだとわかった」（二四・35、マルコ一六・12～13も参照）という驚くべきニュースを伝えたことを記録しているのか。ルカが聖餐のもつ重大な意味と聖餐における絶えざる復活のキリストの臨在について語ろうとしているからだろうか。

あるいは、なぜヨハネだけが、十字架の後、錠をおろしたとびらの背後で恐れ混乱していた弟子たちのただ中に主イエスが現れたことを語るのだろう。さらになぜ、ヨハネだけがイエスが弟子たちに息を吹きかけ、「聖霊を受けなさい」（二〇・22）と言ったことを記録しているのか。それはヨハネが復活のキリストと「創世記を思い起こさせる再創造の聖霊が教会に与えられること」との関係について何か言おうとしているからだろうか。創世記では、最初の創造の時に神が「いのちの息を吹き込まれた。そこで人は生きものとなった」（二・7）とあるから。いずれにしても、主イエスの復活という出来事を扱うときに、各福音書の記者がそれぞれ独自のアクセントをつけていることがわかる。それは単に事実を伝えるのではなく、物語を通して神学を伝えるためである。

歴史は物語であり物語は聖書に根ざしている。ジョン・ウェスレーは、聖書を「神の歴史」

と呼んだ。聖書の物語の中にはさらに小さな物語が詰まっている。聖書全体は、創造主にして贖い主である神の物語である。その中に主イエスの四つの物語（福音書）があり、またその中にさらに物語（例えばイエスの譬え）がある。ユダヤ教のラビの間では物語は神学を教える方法であり、それは現代でも同じである。ハイム・ポトクの小説（例えば『選ばれし者』、『わが名はアシェル・レヴ』）やノーベル賞作家エリ・ヴィーゼルの文学（例えば『夜』、『夜明け』）はその例である。(1)

聖書は、始まり（創造）・物語の転機（人間の罪）・神の介入（イスラエルの選びとその子孫である救い主イエス）・そして待望の結末（新天新地）を備えた神学的な物語である。聖書の大きな物語の中には、無数の小さな物語・無数の登場人物・無数の曲折が入っているが、ストーリーは一つである。それは、イスラエルの歴史の中にご自身を現された神、私たちの主イエス・キリストの父なる神が、今も働いて、全ての人々、全ての被造物を贖おうとされているということである。クリスチャンたちは、このストーリーがアブラハムに始まり、イエス・キリストにおいて成就したことを知っている。

だからクリスチャンは聖書が歴史に根ざしていると信じる。それは特別な民イスラエルの特別な歴史である。旧約聖書の預言者も、新約聖書の使徒たちもそのように信じた。神の物語は、神の臨在と活動の舞台である歴史上の出来事についての一連の解釈によって構成されている。今まで述べてきたように、人間の解釈を全く取り除いた、事実だけから成っている歴史的出来事というものは存在しない。このことが意味するのは、聖書が取りあつかってい る出来事には、聖書とは異なる解釈が適用される可能性があるということである。聖書の記者たちが共通して持っている前提は、神が存在していることと、人間を救うために神が人間に積極的に働きかける、ということである。もちろん、この前提を認めない人たちは、聖書とは異なる解釈を試みることになる。

だからクリスチャンであるということは、この世界とそこに住む私たちの役割についての唯一の正しい解釈は聖書だと信じることである。またクリスチャンであるということは、「この世界がイスラエルの神、イエス・キリストにおいて決定的にご自分を啓示した神の被造物であること」を信じることである。それはまた、聖書が主イエスの言葉とわざを忠実に証し、私たちの創造主の性質と目的を明らかにしていることを信じることでもある。クリスチャンたちは、聖書の歴史解釈が霊感（英語の in-spire は breathe into と同義で息を吹き込むとも解することができる）されている、つまり人間である聖書記者たちは神から特別な指示と洞察を与えられて、イスラエルの歴史における出来事、特に主イエスの生涯における神の臨在と活動を正しく解釈していると信じる。要するに聖書は神の啓示であって、単なる人間の解釈以上のことを明らかにしているのである。

聖書の霊感は、神から聖書記者への一語一語の口述筆記を意味するのではない。霊感とは、神の霊（ギリシャ語の pneuma には息、風という意味もある）の生きた臨在が、神の救いの活動を解釈する聖書記者たちに、彼らの個性を損ねることなく神の洞察を与えることをいう。本章の中ほどで、神と人間のこの協働作業の鮮やかな例をマタイから紹介した。ペテロが、イエスをキリストと告白する箇所である。ペテロは「あなたは、生ける神の御子キリストです」と言い、イエスは答える。「バルヨナ・シモン、あなたはさいわいである。あなたにこの事をあらわしたのは、血肉（人間の知恵や経験）ではなく、天にいますわたしの父である」（一六・16、17口語訳）。ペテロの告白の後、主イエスは弟子たちにエルサレムでの差し迫った受難について話し始めた。ところが、主イエスが救い主であることを告白し、主からその告白が神に霊感されたものと認められたペテロ自身が、主を脇へ引っ張って行って、いさめ始めたのである。「主よ。神の御恵みがありますように。そんなことが、あなたに起こるはずはありません」（22節）と。なぜならメシアについてのペテロの考えが、他のガリラヤのユダヤ人と変わらなかったからである。

ペテロは、イエスの本質と使命について霊感を受けていたにもかかわらず、その霊感を十分に洞察し理解することができなかった。ペテロは、自分の歴史的、社会的、知的な制約を超えることができなかった。神はペテロに、クリスチャン信仰の最も重要な真理を啓示したが、だからといってペテロが神の目的について、誤ることのない洞察を得たというわけではなかった。ペテロはペテロのままであり、相変わらず人間であって誤りを犯した。それにもかかわらず、神はペテロを通して働き、語った。霊感された聖書記者もまた同じである。

前述のように、イスラエルの歴史において神に霊感された、あるいは、神から息を吹き込まれたと信じられていたのは預言者であった。初代教会においては、聖霊の霊感によってキリストにおける神の和解のわざについての信頼に足る解釈を与えたのは、使徒であった。私に神学の最初の手ほどきをしてくれた教師から学んだ霊感の定義は今も色あせていない。「霊感とは、聖霊が聖書記者たちに働いて、彼らの記事を神のみこころを表すものとするもの[2]」なのである。

けれども、霊感にはもうひとつの意味がある。私たちの日常の生活、特に聖書を読むときに同じ聖霊が与える導きがそれである。私たちが聖霊の導きに心を開いて注意深く読むなら、神の助けによって聖書を理解することができ、同時に聖霊の活き活きとした臨在の中に生きることができる。教会はそう確信してきた。それゆえクリスチャンたちは、霊感といのちを与える神の臨在によって、イエス・キリストにある神の物語に参加することができると信じている。次章に登場する十八世紀の伝道者ジョン・ウェスレーは言う。「神の霊は、聖書を書いた人々に霊感を与えたばかりか、さらに、熱心な祈りをもってこれを読む人に絶えず霊感を与え、超自然的に力を与えて助ける[3]」。

1　特にヴィーゼルを読む者は、そこにあるのは神学ではなく神否定ではないかという感想を持つことであろう。けれども後出の「神義論」といわれる分野において、ヴィーゼルもまた神に向き合い、神に疑問を投げかけている。そうすることによってヴィーゼルは神の存在を確認していると言える。

2　A. E. Sanner, "*Survey of Christian Thought*" (Lecture presentation at Northwest Nazarene College, Nampa, Idaho, Spring 1975).

3　John Wesley, *Explanatory Notes upon the New Testament* (London: Epworth Press, 1952), 794. 邦訳、『新聖書註解・下』（ウェスレー著作集第三巻）ジョン・ウェスレー著、松本卓夫・草間信雄訳、ウェスレー著作集刊行会・新教出版社、一九七九年、三一一頁。

第2章　受け継がれて行くもの「伝統」

神の物語は、一つの世代から次の世代へと語り継がれなければならない。信仰者は先立つ世代から神の物語を受け継ぎ、それを自分たちの世代のために解釈して物語る。なぜなら私たちの信仰の継承のためには、ただ子どもたちに聖書を手渡すだけでは不十分だからだ。世代から世代へ、それぞれが神の物語と取り組み、語り、生きる。そして、次の世代にも、この取り組み、語り、生きることを手渡す。これが伝統である。

伝統は必須である。なぜなら前章で見たように、解釈することは人間に備わっている根元的な要求だからである。聖書はひとつの確信によって結び合わされた多様な書巻の集積である。その確信とは、神は堕ちてしまった被造物の贖いのために自ら働かれる、これである。この確信はすでに見たように、世界と人間の営みについての他には見られない解釈であり、神によって霊感されている。けれども、聖書がこの世界とそこに住む人間を解釈する一方で、聖書もまた読者によって解釈される。聖書六十六巻はそれぞれの別々の時代と状況の中で書かれた。けれども、聖書を読む私たちもまた、書かれた時とは全く異なる時代と状況の中に生きている。聖書を読み、理解し、生活に適用するのは、特定の場所と時代に生きている、特定の試みと疑問を抱えた人々である。それゆえ、聖書の解釈と生活への適用には幅が生じることが避けられない。聖書を読む人々の歴史的・社会的状況がさまざまに幅を持っているからである。教会と聖書の間のこの生きた関係が、先の世代から次の世代へと継承されていくこと、これが伝統である。

神の物語を聞くときも語るときも、伝統が果たす役割は大切である。私たちは自分を育てた伝統という「レンズ」を通して聖書を読み、生活に適用する。伝統とは一方では、歴史を通して積み重ねられて来た聖書解釈の集積として受け取るものである。しかしもう一方では、私たちも伝統の集積に貢献する。説教し、教え、祈り、礼拝し、書き、証しすることによって。あるいは、ただ単に生きることも、もしそれが真に良く生きることであれば、この貢献の一環となる。あなたを作り上げてきた伝統には様々なものが含まれている。今まで聞いてきた説教や教会学校のメッセージ、読んできた信仰書や聖書註解書、親しくしてきた牧師や信仰の先輩たちの行動や人格、はたまた神学校での授業も！　束の間の生を生きるに過ぎない私たちは伝統なくして存在することができない。宗教だけが伝統を持つのではない。文化も民族性も政治もまた伝統を継承している。私たちは伝統の中に生まれ出てくる。信仰、言語、思想、習慣といった伝統の中に。こうして私たちは、伝統に完全に支配されているわけではないが、大きな影響を受けている。

キリスト教には数多くの異なる伝統が存在する。この点では、たくさんの支流を持つ大河に似ている。この大河は三本の主流からなっている。ローマ・カトリック、ギリシャおよびロシア正教会、そしてプロテスタントである。本書ではときとして、この三つの流れのそれぞれに触れるが、主として扱うのはプロテスタントである。中でも、ウェスレアン神学、すなわち主としてジョン・ウェスレー（一七〇三～一七九一）の教えに始まる伝統を「レンズ」として神の物語を読み、語ることにする。

ジョン・ウェスレーと弟のチャールズは、十八世紀英国の福音的大リバイバルの立役者であった。二人は英国国教会の家庭に生まれ、生涯国教会の教職として留まったが、自分たちが国教会内に刷新運動の種を播くよう神に導かれていると信じていた。この運動に属する者は、メソジストと呼ばれ、その使命はウェスレーによれば「聖書的聖めを全地に広めること」であった。このように、ウェスレアン神学の重要な貢献は「心と生活の聖さ」を理解し、宣証することへの関心にある。この点をもう少し詳しく見ておこう。
ウェスレーにとって、この「聖書的聖め」または「キリスト者の完全」の本質は、全存在をもって神を愛し、自分自身を愛するように他人を愛することである。それは「愛における」完全である。律法主義的な空想上の絶対的完全とは全く関係がない。またそれは神との関係、隣人との関係における完全であって、愛によって「完成される」ものである。ウェスレーはこう表現する。

キリスト者の完全はこれ以上のものでもなく、これ以下のものでもない。すなわち、神と人への純粋な愛、心と精神をつくして神を愛し、自分自身のように隣人を愛することがそれだ。この愛が心と生活を治め、気質（すなわち思いと感情の習慣）と言葉と行いを支配すること。私はこれ以外のことを求めていない。私が意図する完全あるいは聖めとはただこのことである。(1)

従ってウェスレーは何一つとして新しい主張を始めたのではなかった。彼はただ主イエスの教えと生き方の中心にあるものを再発見し、強調したにすぎない。共観福音書（マタイ、マルコ、ルカの三福音書）はそれぞれ、神と隣人を愛せよとのモーセの誡めを、主イエスがたいへん重要視したことを記している（マタイ二二・34〜40、マルコ一二・28〜34、ルカ一〇・25〜37。申命記六・4〜5、およびレビ記一九・18、34参照）。この二つの誡めはイエスにとって神の誡めの中で最も大切なものであった。「律法全体と預言者」（マタイ二二・40）がこれにかかっており、これこそ永遠のいのちの成就が意味するものであった。ウェスレーは神を「愛の大海」と呼んだが、この神のように愛するという完全のために人間は造られた。ウェスレーはこのような愛の生活が可能だと単純に信じていた。人を活かし、造り変える神の愛の力がそうすると。まさしく「神は愛である」（Ⅰヨハネ四・8、16）という聖書の真理がこの愛の生活の源である。そして、本書のカギとなるのもこの真理である。

ウェスレーの考える聖化、すなわち神と隣人を愛する生活には三つの特徴がある。これらはウェスレアン神学の貢献を理解するためにたいへん重要である。

第一に聖化は実際的である。つまり日常における周りの人々との関わり、他者との関係の中で私たちがどのような存在であるかが問われるのである。ウェスレーは、第一ヨハネ四章19節を引照して言う。「私たちが神を愛するのは神がまず私たちを愛してくださったからである。そして聖霊が証ししてくださるのでなければ、私たちは神の愛を知ることができない」。(2)聖化は物ではなく、「それ（it）」でもない。聖化は何よりもまず、私たちが恵みによって神の前に立つことができるという関係である。ウェスレーは新約聖書に基づいて、神は一つの特別な出来事を通してその愛を示されたと確信していた。「私たちがまだ罪人であったとき、キリストが私たちのために死んでくださった」（ローマ五・8）のである。同時にウェスレーは、キリストの死と復活を信じることだけでは十分ではなく、主の私たちへの愛を信じることでさえも十分ではないと言っている。私たちは聖霊を必要としている。聖霊なる神が、その臨在と力をもって、ご自身の犠牲の愛を私たちのたましいの最も深いところに刻みつけてくださることを。本書第4章でさらに明らかになるように、ウェスレーは「私たちが神の子どもであることは、御霊ご自身が、私たちの霊とともに、あかししてくださいます」（ローマ八・16）というパウロから多くを学んでいた。

ウェスレアン神学に立つ人々、すなわちウェスレーを教祖とするのではなく案内役と考える人々は、個人的に聖霊を体験することを重視する。伝統のもつ危険性のひとつは、それが単なる生活や思考のスタイルとして受け継がれてしまい、個人的な確信、献身や体験なしに済まされてしまい易いことである。けれども、真にウェスレアン神学の伝統を受け継ぐならば、私たちが過去の体験に甘んじることはあり得ない。一般的に言えば、どんなに新しく活き活きとした宗教運動であっても、いずれは、冷たく硬直した制度と化してしまうものである。ウェスレアン神学に立つ諸教会といえどもこの硬直化に無縁というわけにはいかないが、彼らは彼らを生まれ変わらせ続ける神のご臨在に自分たちをさらし続ける姿勢を保とうとする。「神が私たちのうちにおられるということは、神が私たちに与えてくださった御霊によって知るのです」（Ⅰヨハネ三・24）。もちろん、この聖句は教団・教派に関わりなくすべてのクリスチャンの聖書にある。けれどもウェスレアン神学は、このような神の臨在の不断の認識を、毎日の生活の中で期待し体験することができることをとりわけ確信している。

第二に、聖化は愛することである。すでに触れたように、ウェスレーにとって人がいかなる存在であり得るかを述べる基礎は「神は愛である」（Ⅰヨハネ四・8、16）という聖書の宣言にあった。弟チャールズは、讃美歌「来たれ、見知らぬ旅人よ」（邦題「夜ふけの川辺に」聖歌五五八）にこのことをよく描いている。この歌詞はヤコブが神と戦った夜のレスリングの試合から採った物語の神学の詩的表現である。

あなたの愛！　あなたの愛！　あなたは私のために死んでくださった！
私はあなたのささやきを心に聞く
夜が明けると影は逃げ去る
あなたは、純粋な、広い愛
あなたの憐れみは私に、すべての人に、向かう
あなたは愛なるお方　あなたの名は愛　あなたの名は愛です

ウェスレー兄弟にとって、人間の究極のゴールは、神の愛につかり、浸され、バプタイズされることであった。神の愛に満たされるなら、罪深い態度や行いが入り込む余地はない。なぜなら、罪は本質的に愛のないこと、神と人への愛の欠如だからである。神の性質は愛、その名も愛である。この神への応答としてジョン・ウェスレーもまた詩をものしている。

私のうちにただあなたの愛のほか
何ものも住むことがないように
私のすべてがあなたの愛のものとなるように

私の喜び、私の宝、私の冠
私の心から異なる火が取り去られるように
私のすべてのわざが、言葉が、思いが愛であるように(3)

ナザレン教団の歴史は比較的短いが、その中で輩出した優れた神学者であるミルドレッド・バングス・ワインクープが、ウェスレアン神学に関する自著に『愛の神学』と名づけたのは実にふさわしいことであった。なぜなら、それこそウェスレーが教えたことであったからだ。神は「愛の大海」であるだけではなく、「私たちは存在するために、愛するために造られた」とウェスレーは言う。神が私たちを招いておられる聖化とはまさしく「全き愛、愛における完全」（Iヨハネ四・18）である。愛なる神が私たちを神と人を愛する者としてお造りになったのだから、愛するとき私たちは完全である。そのとき、私たちは造られた目的通りの存在となり、その目的通りに行動しているからだ。この愛は、他の人の霊的、物質的、あるいは感情面での必要に関心を払う。これこそジョン・ウェスレーの生涯の特徴であった。

第三に、聖化は広がりを持つ。神と人への燃える愛であるウェスレアン神学には、自分たちとは異なる伝統を受け入れる広がりがある。聖化は、ウェスレーにとって、優越感を助長する狭量なものではなかった。「私はあなたよりも聖い」と言うのは聖化ではない。
造られたものすべてへの神の愛を見たウェスレーは、全世界を自分の教区と宣言した。彼は狭い党派心を持たず、ウェスレアン神学は真理の一角を担っていると考えた。そしてそれは愛の一角であると！　彼の最も有名な説教の一つは「公同の精神」と題されている。その中でウェスレーは、彼自身とは異なる意見と礼拝のスタイルを持つクリスチャンたちとの間に、一致できる点を探し求める。そして、それを神と隣人への愛に求めたのである。

「私の心があなたの心に結ばれているように、あなたの心もそうですか……それなら、こちらに手をよこしなさい」（Ⅱ列王一〇・15）。私はあなたに「私の意見に同意せよ」とは言いません。あなたはそうする必要はありません。私はあなたが私に同意することを期待することも望むこともしません。また私は「私はあなたに同意する」とも言いません。私にはそう言うことができません。私にはその選択はできないのです。私はこれからも自分で見て聞いて判断するしかありません。あなたはあなたの意見を保ちなさい。私もそうします。お互いこれまでと同じようにそうしましょう……すべての意見を尊重しましょう。

ただ、もし「あなたの心もそう」なら「こちらに手をよこしなさい」。もしあなたが神と全人類を愛するならそれ以上何も申し上げることはありません……「こちらに手をよこしなさい」。そして実の兄弟よりも近いキリストにある兄弟として私を優しく愛してください。(4)

ウェスレーは彼の公同の精神、あるいは普遍的精神を愛の精神と呼んだ。ローマ・カトリック教徒がしばしばメソジストの集会に出席したことを、ウェスレーは大きな喜びをもって日記に記録している。一七五〇年のトラクト「ローマ・カトリック教徒への手紙」はウェスレー最大のエキュメニカルな神学的貢献である。そこにはおなじみの愛の響きがこだましている。

すべての人へのあなたの愛、善人だけではなく悪人や受け入れ難い人をも愛する愛があなたを天の父の子と承認する……これこそが本来のキリスト教である。これが受け継がれて来た真のキリスト教である。このキリスト教が全地に拡がるのはいつだろうか。このキリスト教が私にもあなたにも見いだされるのはいつのことでしょうか……兄弟たちよ、私たちは道からはずれないようにしよう。私はあなたがたを御国で見たいと願う。私が上述のキリスト教を実践するなら、あなたがたもまた私が地獄に行くとは思わないだろう。あなたがたは決してそのようには考えないであろうし、だれもあなたがたにそのような考えを強いることはできない……だからもし私たちの考えが一つになれないとしても、愛することにおいては一つでいよう。その点では失敗することはあり得ない。なぜならただひとつ誰も疑うことのできないことがあって、それは「神は愛です。愛のうちにいる者は神のうちにおり、神もその人のうちにおられます」（Ⅰヨハネ四・16）ということだからである。(5)

ウェスレーの教える聖化は、公同の普遍的な教会に訴えるものであり、狭量な排他的なものではない。本来のウェスレアン神学は、他からその洞察を吸収することに熱心である。教団・教派には自分だけが正しいと考えて優越感を持つ傾向と誘惑がつきまとうが、ウェスレアン神学はこれまでも他の神学的伝統に対して開かれてきたし、これからもそうあり続けるべきである。公同性はウェスレアン神学の特徴である。このことは聖書の物語とウェスレアン神学のコラボレーションを試みる上で、重要である。なぜなら私たちはこの後のコラボレーションの過程で他の神学的立場の声にも積極的に耳を傾けるからだ。なぜか？　それがウェスレアン神学だからだ。

1　Albert C. Outler, ed., *John Wesley* (New York :Oxford University Press, 1964),288. トラクト「To The Christian Reader (1759)」より。

2　同214.「*The Witness of the Spirit; Discourse II*」より。邦訳、「御霊の証し（Ⅱ）」『ジョン・ウェスレー説教53（上）』竿代忠一・勝間田充夫・藤本 満訳、イムマヌエル綜合伝道団教学局、一九九五、二六八頁以下。

3　讃美歌「イエスよ、あなたの私への無限の愛」第二節。パウル・ゲルハルト（一六〇七～七六）作をウェスレーが英訳し、「讃美歌と聖詩集」（一七三九年）に収録（英文一五六頁）、*A Collection of Hymns for the Use of the People called Methodists*（1780）にNo.362として再録。5行目の「心」はオリジナルの「たましい」を後にウェスレーが修正したもの（この註は原著にはない。日本語版のためにロダール博士がランディー・マドックス博士の協力を得て追加したもの）。

4　前出Outler *John Wesley*, 99-100.「Catholic Spirit」より、邦訳、『ジョン・ウェスレー説教53（下）』勝間田充夫・河村従彦・藤本 満訳、イムマヌエル綜合伝道団教学局、一九九七、一二八頁以下。

5　同497,498.「A Letter to a Roman Catholic」より。

第3章　思いをめぐらす私たち「理性」

神学、すなわち神の物語に思いを巡らすことにおける、聖書と伝統の役割についてここまで考えてきた。けれども私たちが思いを巡らすためには、もう一つ必要なものがある。それは考える能力、すなわち理性である。私がこの文章を書き、あなたが読んでいること自体、理性の働きである。

ジョン・ウェスレーは、理性を強調し謳歌した時代と文化（十八世紀のヨーロッパ）に生き、同時代人たちと同じように理性に信頼を寄せた。それゆえ理性はウェスレアン神学の重要な一面である。私たちはみな、人生とそこで経験すること、また信仰の意味を理解したいと願っている。それは理性をもっているがゆえの願いである。

疑問を抱くこともまた、理性の働きである。聖書が語る神の物語は歴史上の出来事に関する特定の解釈だから、他の解釈の可能性も開かれていることはすでに見た。ものごとをこれまでとは異なる角度から見て、今までとは違ったように信じることができる可能性は常にある。だから、信仰深いクリスチャンでありつつ疑問を抱くことは可能である。一般に神学者は、疑問を持つことを肯定する。ときには行き過ぎることもあるけれども。そして神学者たちは理性を用いて、聖書が物語る神への信仰が合理的なものだと証明しようとしてきた。

伝統的に神の「存在証明」と呼ばれて来たこの種の試みは、クリスチャンの間でも常に好意的に受けとられるわけではなかった。ある人々は物語だけで十分だとし、物語の主人公である神への素朴な信仰以上のものは必要ではないと考える。結局のところ、聖書は単純に神の存在を前提としていて、それを理性的に証明しようとしてはいないように見える。神の物語から離れて、神の存在について議論することは、私たちの神とは似ても似つかぬ哲学的な神の概念を持ちだすことになってしまう、と考える人々もいる。「アブラハム、イサク、ヤコブの神であって、哲学者や学者の神ではない神」と著名な数学者パスカル（一六二三〜一六六二）は言ったが、これには多くの人が共感してきた。

理性で神に届こうとする試みを疑問視するのはもっともなことである。ウェスレー自身、説教「原罪」の中で、仮に私たちが自然を観察することによって、その自然には創造者がおられるという概念に到達したとしても、「そのどれ一つも、神を知る知識を得ることはできませんでした。この目で神を見ることができないと同様、私たちの生来の理解力（by our natural understanding）では神を知覚することはできません」と言う。続いて、イエス・キリストこそが明確で決定的な神の啓示であるという新約聖書の確信を引いて、ウェスレーは主張する。「神は、神ご自身を知る知識や、ご自身が派遣されたイエス・キリストを知る知識によって、私たちの全ての無神論をいやします。つまり、私たちに、神と神のことども――特に、キリストが私を愛し、私のためにご自身を与えてくださったという重要な真理――に関する天的な証拠と確信である信仰を私たちに与えることによっていやします[1]」。

聖書には信仰についての理性的な議論は展開されていない。けれどもその一方で、それが人間にとって可能であり、許されてもいることを教えるヒントはある。「天は神の栄光を語り告げ、大空は御手のわざを告げ知らせる」（詩篇一九・1）という聖句は、自然の栄光が神の存在の証拠だと主張している。使徒パウロはもっと端的である。「神の、目に見えない本性、すなわち神の永遠の力と神性は、世界の創造された時からこのかた、被造物によって知られ、はっきりと認められる」（ローマ一・20）。このような聖句は、「一般啓示」すなわち、全世界の創造者にして保持者である神は、その存在と臨在と力の証拠を、注意を払う者が発見できるように被造世界の中に故意に残されたという信念の根拠としてしばしば引用される。

確かにこうした聖句は、神からの語りかけを被造物の中に発見できる可能性を示している。けれども同時に心に留めておかなければならないのは、詩篇の作者もパウロもある共通の視点から、歴史を見ていることである。イスラエルの歴史を、神によって選ばれ、神によって世界への特別な召しのために贖い出された民の歴史と見る視点である。この視点が「特殊啓示」である。特殊啓示によれば、イスラエルの歴史は、ダビデやパウロのような聖書記者がそうしたように、イスラエルと共なる神の歴史、神と共なるイスラエルの歴史と見られることになる。また、御子イエスのご降誕もまたその延長上にあるとみなされる。特殊啓示はこうして自然界にも、自分たちを贖う神の面影を見出す。だからこれらの聖句は私たちを励まして、聖書が物語る神を理性によって探求することに向かわせる。人間は考える生きものであり、今までは信仰によって自明のこととしてきた事柄について、真剣に考えることは決して非難されるべきことではない。

本章では「自然神学」と呼ばれる、神の存在をめぐる古典的な議論のうち四つのものを短く概観する。それらが自然神学と呼ばれるのは、私たちを取り巻き、私たちの内にある自然界だけから神の存在の証拠を見出そうとするからである。したがって自然神学は、定義から言っても神が存在する証拠を聖書に求めようとはしない。すでに見たように自然神学は、教義神学としばしば緊張関係に陥る。教義神学とは、聖書の証言に基づく神についての議論である。

単純に図式化するとこうなる。

一般啓示		自然神学
（被造物に啓示された神の存在）	↓	（この神に関する人間の議論）
特殊啓示		教義神学
（聖書の歴史的出来事に啓示された神の性格）	↓	（神の救済のわざに関する人間の議論）

しばしば、自然神学と教義神学は決定的に対立するものとみなされる。しかし、聖書に啓

示された神が私たちの頭脳をお造りになったのだから、その頭脳を駆使して私たちが住んでいる世界について考え、ご自分をその世界の中に啓示しておられる神を思うことは、まさしく神を讃えることである。自然神学と教義神学はこのようにして共存することが可能である。カトリックの偉大な神学者トマス・アクィナス（一二二五～一二七四）はこの共存を実践した。その好例が、有名な「神の存在証明」の五つの道である。これは、実際は証明というよりは、私たちが住む世界を観察した経験に基づいて神の存在を指し示そうとするものであった。それゆえそのすべての議論は「人となったキリストが私たちの神への道である」という前置きから始まる。現代の神学者スティーブ・ロングによれば、「トマスは神への五つの道を例証しようとするときであっても、この点を決して忘れることがなかった。五つの道もまた、キリストが道であるという光でのみ理解することができる[2]」。

最初に取りあげるのは、「宇宙論的議論」（cosmological argument　語源はギリシャ語 kosmos で世界、宇宙の意）と呼ばれるものである。通常は宇宙論的証明と呼ばれることが多いが、前述のように神の存在を証明しようとするものではないから、宇宙論的議論という語を以下では用いる。最初にこれを取りあげるのは、もっとも基本的であると同時に、少なくともギリシャの哲学者プラトンにさかのぼる最古のものだからである。この議論は何種類かに分類できるが、共通しているのは、そもそも何かが存在しているという事実についての驚きである。宇宙はどこから来たのだろうか。なぜ宇宙は存在しているのか。現代の科学者は、およそ百四十億年前の「ビッグバン」によって説明しようとするだろうが、宇宙論的議論が問うのはもし宇宙がビッグバンによって始まったのなら、なぜビッグバンが始まったのか、である。どこからビッグバンは来たのか。ビッグバンの背景には、あるいはビッグバン以前には何があったのか。もしこのビッグバンが私たちの想像を絶するような密度の水素によって起こったなら、どこからその水素が来たのか。なぜそれが集合したのか。私たちは「ただ、そこにあっただけ」という答えでは満足できない。人間は常に事象の原因を追究する。そして、今追求している事象は、単にこの惑星とその生きもの、あるいは水素のかたまりの起源でさえない。それは宇宙そのものの存在である。宇宙論は存在そのものの不思議に始まる。

二十世紀初めのドイツの哲学者マルティン・ハイデガーの発した問いはこれである。「そもそもなぜ存在するものがあるのか。なぜ何も存在しないのではないのか」。マールブルク大学の神学部での彼の同僚、パウル・ティリッヒは、この古くからある問いこそ、最も根源的かつ深遠なものであると信じた。ある意味で、この問いは他のすべての問いの基礎である。そもそも絶対の無、何も存在しないことを想像することは不可能である。けれども、宇宙論的議論は、なぜこのような無が存在しないかを考える。私たちは単に、「なぜ私はここにいるか」と問うのではなく、「そもそも何かが存在するのはなぜか」と問うことを求められる。「なぜ惑星が、星が、中性子が、あるいはカバが、恒星が、沼地が存在するのか」と。

宇宙論的議論はそもそも神の存在を論じる議論であるということは始めに述べた。宇宙論的議論は宇宙の存在を説明する原因があるに違いないとする。その原因を私たちは神と呼ぶ。そもそも、なぜ何かが存在するのか。それは創造者がいるからである。

この結論には異論もある。もしすべてのものに原因がなくてはならず、また、私たちが最終原因を得るまで満足できないなら、神の原因もまた問われなければならない、というのである。私たちは子どもたちが「ママ、誰が神さまを作ったの」と尋ねるのを聞くと微笑むだろうが、それでも因果論はさらなる原因を追及することをやめない。なぜ因果論の追求を、便利な、ひょっとすると恣意的な「神」で止めるのだろうか。

答えは「神」という単語を正しく理解することにある。定義から言って、一神論（ユダヤ教、キリスト教、イスラム教）においては、神は自分自身で存在する、造られざる、原因を持たないものを意味する。だから私たちが「誰が神を造ったか」という疑問を発したとたん、私たちはもう「神」について論じていないことになる。「初めに、神が……」という聖書のオープニングは決定的である。「神」よりも先にいて、神の存在をもたらすものは存在しない。もしそのようなものがあるなら、神の定義からして、それが神になるのである。これを都合が良すぎる思考だとする者たちもいるだろうが、すでに述べた通り宇宙論的議論は何かを証明しようとするものではない。少なくとも神の存在を証明しようとはしていない。宇宙論的議論の意図するところは私たちが知るところの宇宙との関係において「神」という言葉が何を意味するかを探ることにある。今のこの段階では、神は最初に存在するもの、存在するものの第一次原因、存在するものの存在の最も基本的な根拠である、と定義しておこう。

二番目の議論は、第一のものに関連しているもので、目的論的議論（teleological argument ギリシャ語で telos はゴール、目標の意）と呼ばれる。宇宙論的議論が、そもそも何かが存在するという事実に驚くのに対して、目的論は、存在するものにある秩序、調和、複雑さ、美に注目する。その対象は、息を呑むような夕焼けから子どもを抱く母親まで、植物と動物の間の酸素と二酸化炭素の共生的関係から人間の脳の複雑さまで、あるいは、見たところ完全な地球と太陽の位置関係から、わが家の庭のアリの巣までのすべてを含む。

現代の物理学において、この議論は「人間原理」（英語の anthropic principle は人間の意のギリシャ語 anthrōpos に由来）という形でよみがえった。この説は、相互に働いて私たちのような生命の存在を可能にしている私たちの宇宙を観察することから始まる。例えば、天文学者は、私たちの宇宙の最初の状態は銀河や星を作り出すために正確に「チューニングされていた」と言う。少しでも条件がちがっていれば、宇宙は崩壊して元に戻るか、あるいは、恒星が形をなすことができないほど速く膨張していたはずだからである。そうはならなかったために、恒星は宇宙の炭素工場となり、生命に不可欠な炭素を生み出してきた。もう一つ例をあげれば、素粒子のレベルにおいて、陽子と電子の電荷は、正確につり合っているが、これは驚くべきことである。なぜなら、これらの粒子はその他の点ではまったく異なっているからである。しかし、このつり合いはすばらしいことである。なぜなら、そうでなくてはそれらは存在できないからである。その一方で、中性子はほんのわずかに陽子よりも重い。逆にもし陽子が中性子よりも重ければ、核融合が起こり宇宙は破壊されるであろう。[3] こうした事実が、そうでなければ無宗教の科学者たちをして、宇宙の中に目的をもって働いている理性の存在について考えさせることになった。

トマス・アクィナスは、その五つの道のうちの一つでこの議論を最も強力に展開している。

彼には近代の天文学や物理学の助けがなかったにもかかわらず、この世界の秩序やデザインがその企画者やデザイナー、すなわち、この世界に目的を設けそれを実行に移すのに十分な理性が存在することを示していると主張した。実際、これ以外に考えようがあるだろうか。私たちが見ている秩序が偶然に形成されたとするなら、結局はその秩序を説明することも不可能なことになってしまう。

私たちは周りの世界を理解したいという願望をもっている。実はこの願望自体が目的論的議論の一例である。人間は、驚きの生きものであり、質問し続ける。「私はどこから来たのか。私はなぜここにいるのか。私はどこへ行くのか」。これらの疑問は、たえず理由を探り続ける理性が人間のうちに存在していることを証明している。この人間の理性の存在は、世界には、合理性が、秩序が、デザインがあることを教えている。人間の脳の能力は驚くべきものであるが、複雑な質問をし続ける私たちが存在するのは、まったく偶然によるのだろうか、それともとてつもない宇宙規模の知性によるのだろうか。もし偶然なら、私たちはばかばかしいまでに悲劇的な存在である。発見する事ができない意味を探し続けているのだから。目的論的議論に立てば、人間は秩序とデザインを探し、発見することができる。なぜなら秩序やデザインの企画者であるデザイナーが存在し、その存在がすべての他の存在の根源だからである。

以上の神の存在についての伝統的な二つの議論、宇宙論的議論と目的論的議論は、私たちの周りの自然に注目するものであった。以下にあともう二つの議論を扱うが、これらは人間の思考と経験に焦点をあてる。それでもそれらは、なお自然神学の範疇に分類される。

第三の議論は、ついにはそれを拒否することになった人たちにとってさえ、幾世紀もの間、最大級の魅力を発揮してきたものである。存在論的議論（英語で ontological argument ギリシャ語で ontos は存在の意）は、中世教会の偉大な神学者の一人、アンセルムス（一〇三三〜一一〇九）の名に結び付けられている。この議論は、はるか以前にアウグスティヌス（三五四〜四三〇）によっても論じられた。この精巧な議論を追ってみよう。

アンセルムスは、神の存在についての思索を詩篇の「愚か者は心の中で、『神はいない』と言っている」（詩篇一四・1、五三・1）を引用することから始める。アンセルムスにとって無神論者が愚か者であるのは単純で明らかな理由による。神という言葉自体が何を意味するかを考えればそれは自明である。神は「それより偉大なものが何も考えられない何か[4]」である。無神論者でさえ、神の存在を否定しながらも、神という言葉がその定義から言って、考えうる限り最も偉大な存在を指すことには同意する。そこでアンセルムスは、私の頭の中にだけ存在するものと、現実に存在するものとではどちらがより偉大であるか、と尋ねる。また、私が存在すると想像する完全な存在と、現実に存在する完全な存在とでどちらがより偉大であるか、と。そして、さらに、完全な存在は、実際に完全であるためには、現実に存在していなければならないのでは、と。アンセルムス自身の言葉によれば、「しかし、もちろんのこと、それより偉大なものが考えられ得ないものが、理解のうちにのみあることはあり得ない。なぜなら、もし少なくとも理解のうちにだけでもあるなら、それが実在として存在することは考えられ得るし、またその方がより偉大である」(5)。

これが、アンセルムスにとって、無神論者が愚か者である理由である。無神論者は、神は完全であるから存在しなければならないのに、定義から言って存在しなければならないはずのものを否定する。神という概念そのものが神の存在を要求するのである。

かつて神学校のクラスで、この単純で洗練された、けれどもつかみがたい、完全な存在として神がおられるという議論と取り組んでいたときのことである。レイチェルの右腕が挑戦的に上がり、その目がきらりと光った。私が彼女の名を呼ぶと、彼女はこう言ったものだ。「私は、完全な男性を想像することができます。だからといって彼が実際には存在するということにはなりません！」」。これはうれしい反応だった。なぜならそれは、アンセルムスの同時代人の修道僧ガウニーロの反応と本質的に同じものだったからである。もちろんガウニーロは、「完全な男性」の例は用いなかった。彼が用いたのは「完全な島」という概念である。ガウニーロは、休暇をとる必要に迫られていたからかも知れないが、完全な島の概念を頭に描くことは、そのような島の存在を必然とはしないと言ったのだ。

レイチェルもガウニーロも、彼らの用いた例に関する限り正しい。けれどもアンセルムスは、二人の反論に十分に答えている。アンセルムスの議論は、男性、島、自動車（完全な自動車というのはどんな自動車だろうか?）、山、あるいはアイスクリームといった有限なものを対象としていない。これらのものは偶発的な存在である。つまり存在することが必然ではない。アンセルムスの議論は島や車のような限りある存在を扱ってはいない。多くの他の島の中の一つの「完全な島」が論じられているのではなく、完全な存在が論じられているのである。そして、完全な島が存在しようが、しまいが、完全な存在は存在しなければならない。存在しないなら、それは完全ではないからである。

アンセルムスの答えは真剣そのものである。

貴君は、〔私の論証は〕……（まるで存在しないものを発見するのが困難であり、いや、不可能であるために失われた島と呼ばれ、またその豊饒さでは他の全ての土地を凌駕《りょうが》する）大洋上の島について、誰かが、それが言葉で描写されるとき容易に理解できるという理由から、それは実在としてまことに存在していることが疑い得ないと言ったようなものである、と主張する。私は確信をもって言おう。もし、実在としてにしろ、思考のうちだけにしろ、存在しているもので、私の論証の論理が適用され得るものを、それより偉大なものが考えられ得ないもの以外に誰かが見つけてくれたなら、私はあの失われた島を見つけて、それ以上失われることのないようにして彼に与えよう。(6)

したがって、神はまったくユニークな存在である。それは、まさしく神という言葉が、必然的に存在しなければならない存在を意味するからである。このアンセルムスの議論は堂々めぐりのように聞こえるかもしれない。けれども実は先ほどから使っているアンセルムスの「議論」という言い方が正確ではないところに問題がある。多くの学者たちは、アンセルムスの行っていることは、単なる合理的議論ではなく、むしろ人間の理性の限界を超えた神のみ名の神秘についての深遠な瞑想というべきものだと見なしている。彼が祈りの形式で著作していることもこのことを裏付けるものである。聖書が語る物語の神学の見地から見ればアンセルムスは、モーセが燃える柴から聞いた言葉「わたしは、『わたしはある』という者である」（出エジプト三・14）を神学的に表現しようとしたと言ってもよい。

最後の第四の議論は、啓蒙主義を代表するドイツの哲学者インマヌエル・カント（一七二四～一八〇四）のものである（道徳論的議論）。カントの主な関心は倫理と道徳にあったが、彼は前述の三つの議論を、理性の単なる想像に過ぎないとして否定した。彼によれば、宇宙論的議論と目的論的議論は証明不可能な領域に入り込んでいる。私たちの限りある世界は、その世界を超越した存在を決して証明することはできないからだ。存在論的議論についてのカントの問いは、アンセルムスの「それ以上偉大な存在を考えることができない存在」というような存在が本当にあるのだろうか、である。カントの答えは、「否」であるが、彼自身は実践理性、すなわち人間の道徳的経験に基づく思考、と呼ぶものによる神の存在に関する議論を展開した。

人間の道徳に深い関心を持つカントは、人間の持つ普遍的な道徳の観察から議論を始める。

カントによれば、すべての人の良心がある行為について同じ善悪の判断を下すわけではないが、それでも万人が善の概念と悪の概念を持っている。そして、私たちが良心の声にしたがって行動するとき良心は私たちを賞賛し、そうでなければ私たちを断罪する。

この比較的単純な土台からカントは実践理性の三つの前提条件を示す。第一に、人間には自由意志がある。そうでなければ、良心は見え透いた真似ごとに過ぎなくなる。私たちは悪事を犯さないですむ可能性をもっていてこそ、おかした悪事によって断罪され得る。同じように、もし私たちが善を行わない可能性をもっているのでなければ、善を行うことに安らぎを感じるのは、自己欺瞞にすぎなくなる。第二に人間は不死でなければならない。私たちの良心は、善には報いが、悪には罰が正当に与えられることを要求する。けれども、この世においては、この要求はなかなか満たされない。例えばベルリンの地下壕での自殺はアドルフ・ヒトラーには過ぎた最期だと誰もが感じるだろう。あるいは、ヒトラーによって苦しめられた善良で無実の人々についてはどうだろうか。彼らはもっと良い運命に値しなかったのだろうか。このように実践理性は私たちの世界とは別の、道徳と幸福が一致する世界を要求する。第三に、神が必ず存在しなければならないとカントは言う。なぜなら、私たちが神と呼ぶお方以外に誰も私たちの不死と完全な正義を保証することができる存在はないからである。神は道徳的秩序の確立者であり保証者である。

もちろん、以上の四つの議論は、どれも実際に神の存在を証明しているわけではない。そのことゆえに神に感謝しよう！　なぜなら証明される神、合理的な三段論法の結果である神はつまらない神だからである。さらに、もし神の存在が科学実験のように、誰の目にも疑いなく証明されてしまうならば、そこには疑いの余地もないかわり、信仰の余地もない。私たち自身が働く余地も、神に応答する余地も、もがきながら成長する余地もない。そこには私たちのための余地もないし、神との本当の関係の余地もない。けれども実際には「私たちは見るところによってではなく、信仰によって歩んでいます」（Ⅱコリント五・7）。神はこうして、私たちの自主的な道徳意識と人格の成長を尊重し励まされる。それゆえ信仰によって生きることの方がはるかに好ましいのである。

聖書の物語において、神が存在するという信念、つまり神への信仰は単なる知的・理性的な問題ではない。こう言ったからといって知的・理性的であることを軽蔑するというのではない。しかし、神を知る知識、と聖書が言うとき、それは私たちの生活のすべて、私たちの存在のすべての断面における意志を要求する。神を知ることは、物語の中で出会う神に応答することであり、そしてその物語の一部となるために私たちの人生を危険にさらすことである。神への応答は合理的な証拠を見ることで生み出されるわけではない。それは、福音の光に照らされた者たちが毎日の体験の中で汗を流し骨折りながら、選び取り続けることによって生み出される。主イエスはご自分の使命を疑う者に対して、「わたしの教えは、わたしのものではなく、わたしを遣わした方のものです。だれでも神のみこころを行おうと願うなら、その人には、この教えが神から出たものか、わたしが自分から語っているのかがわかります」（ヨハネ七・16〜17）と言われた。あるいは神学者ハインリッヒ・オットーは言う。

ひとりの人間が神の現実性を確信する場合には、それは理論上の、論証に基づく確かさではなく、人格的に参与するという実践的な確かさである。証明の確かさは、ある事柄をある程度片づいたとしておしまいにし、これだけで精通しているとする点にある。これに対して信仰の確かさは、ひとりの人間がいつも新しく神を信じて待ち、かれ自身の生活をそれに応じて理解し、方向づけ、整理してゆくことを意味している。(7)

にもかかわらず、本章で見てきた議論はすでに神を信じている人々にとっては、教会の歴史を通して、大きな拠りどころとなって自信を与えてきた。また、まだ神を信じていない人々にとっても、彼らが信仰に近づく助けになってきた。それらの議論は何かを証明したわけではないが、四つ集めると、神を信じる人々（theist　ギリシャ語の theos は神の意）が、理性的に議論をすすめ、自らの信念を擁護し、揺らいでいる者に拠りどころを提供することを助ける。けれども、もう一度だけ最後に繰り返しておこう。聖書が語る物語の神に対しては信仰と従順というリスクを冒すことが必要であって、理性的な証拠がそのリスクを不要にすることは決してない。

注

1　Albert C. Outler, and Richard P. Heitzenrater, eds., *John Wesley's Sermons: An Anthology* (Nashville :Abingdon Press, 1991),329, 333. 邦訳は、『ジョン・ウェスレー説教53（下）』二七四頁・二八四頁。

2　D. Stephen Long, "*Aquinas and God's Sovereignty*" in *The Sovereignty of God Debate*, ed. S. Long (Eugene, Oreg.: Cascade Books, 2008), 55. ロングはアクィナスの『神学大全』第一部の第二問へのプロローグから引用している。邦訳、『神学大全』は高田三郎・山田晶・稲垣良典ほかの訳で創文社から一九六〇年より刊行中。

3　人間原理に関しては友人の物理学者、Karl Gilberson（Eastern Nazarene College）に負っている。参考文献を挙げれば、Paul Davies, *God and the New Physics,* (New York: Simon and Schuster, 1983).

4　Anselm, "*Proslogion*", in *A Scholastic Miscellany: Anselm to Ockham,* ed. and trans. Eugene R. Fairweather (Philadelphia: Westminster Press, 1956), 73. 邦訳、「プロスロギオン」『アンセルムス全集』古田暁訳、聖文舎、一九八〇年、一五三頁。

5　同74、邦訳、同、一五三頁。

6　Anselm, "*A Reply to Gaunilo,*" in *Philosophy in the Middle Ages,* ed. Arthur Hyman and James J. Walsh (In dianapolis: Hackett Publishing Co., 1987), 157. 邦訳、同、一九一頁。

7　Heinrich Ott, *God* (Atlanta: John Knox Press, 1975), 37. 邦訳、『神』ハインリッヒ・オット著、沖野政弘著、新教出版社、一九七五年、六八～六九頁。

第4章　神の物語に心を尽くして入りこむこと「経験」

ここまで聖書が神の物語であり、神学の主要な源であり、神がイエス・キリストにおいて、イスラエルの歴史の中で行われた救いのみわざを証しする霊感された書であることを見てきた。しかし聖書は、歴史全体を神の活動の場とみなすという特定の解釈を主張しているから、異なる見方をする人々からは、しばしば反論されてきた。さらに聖書そのものが、さまざまに解釈され得る。それゆえ、積み重ねられてきた聖書の解釈の歴史が、世代から世代へと手渡されることによって必然的に伝統が形成される。一つの伝統は他の伝統とは緊張関係にあり、時には対立する。それが伝統のもつ本来的な性質だからである。例えば、典型的なプロテスタントの教義と習慣は典型的なローマ・カトリックのそれらとはかなり異なっている。また、私たちが神の物語を解釈し、私たちの人生をその物語の中で意味あるものにするための理性もまた、ときにあいまいな結果をもたらす。人間の思考プロセスには変わりはないはずなのに、プロテスタントの解釈とカトリックの解釈のいずれもが理性によって支持されるのである。この差は思考の出発点となる前提によるところが大きいが、そもそも私たちはこれらの前提そのものを、自分が養い育てられてきた伝統そのものから受け取っている。また前章で見たように、理性は信仰を正当化することができる一方、信仰に重大な疑いを生じさせることもできる。だから、クリスチャンの多くが、あいまいさという袋小路から個人的な経験によって脱出しようとしてきたのも無理はない。

個人的な経験に訴えることは、ウェスレアン神学の大きな特徴の一つである。ジョン・ウェスレーの時代、大部分の英国国教会の神学者は、聖書がクリスチャンの信仰と礼拝の主要な権威ある源であることを語り、また伝統と理性がその大切な支えであることを理解していた。けれどもウェスレーはそれらに、宗教的真理を確認する役割を果たす個人的な経験を加えた。著名なメソジスト神学者アルバート・アウトラー（一九〇八～一九八九）にならって、ウェスレアン神学に立つクリスチャンたちは、聖書・伝統・理性・経験という「ウェスレアン神学の四辺形」に注目し、神の物語を聞き、語る際に、その重要性を認めている。

ウェスレーは、彼自身の物語と聖書の物語の両方から経験の役割に気付いた。若き神学生として、また英国国教会の聖職者として、彼は宗教的な権威と確実性についてのやっかいな疑問と徹底的に格闘した。自分が救われたことをいかにして知ることができるか。さらに言うなら、神と救いについてクリスチャンが信じていることが事実だといかにして知ることができるのか。ウェスレーは父サムエルが死の床で残した言葉に取りつかれた。「内なる証し、それこそが……キリスト教の最も確実な証明だ」。その後すぐに若きウェスレーは、アウグストス・シュパンゲンベルグという名のモラビア派のクリスチャンの鋭い質問の挑戦を受けた。「あなたはあなた自身のうちに証しを持っていますか。神の御霊はあなたの霊とともに、あなたが神の子であることを証ししていますか……あなたはイエス・キリストを知っていますか……あなたは自分自身を知っていますか」[1]。これらの質問は、ジョン・ウェスレーを惨めにした。そして状況は、彼がアメリカのジョージア州サバンナへの海外宣教に乗り出し、それが惨めに失敗したときにいっそう悪化した。イングランドへの帰りの旅行の間に、彼は日記に書いている。彼は「インディアンを回心させるためにアメリカに行った。だがいったい誰が、この不信仰の悪い心から私を助けだしてくれるだろうか？」こうも書く。「もし福音が真実なら、私は本当に安全だと思う……しかし、あの嵐の中で私は、『もし福音が真実でなかったら？』と思ったのだ[2]」。

ウェスレーの不安は、クリスチャンとしての信仰と従順の土台となるべき疑う余地のない確信が彼のうちにないことから生じていた。彼は自分が「教えの風に吹き回されたり、波にもてあそばれたり」(エペソ四・14)していると感じた。カトリックのよい行いの強調から、ルターの信仰のみの強調へ、そして神秘主義著作家の「神との一致」に次いで、ただの疑いへとウェスレーは遍歴する。ウェスレーには、聖書という源があり、教会の伝統も、理性もあった。けれども、彼には欠けているものが一つあった。それは確かな経験であった。「私は心ここにあらず、活力なく、従うことへの熱心もなかった。たえず自分が正しいのか、間違っているのかを疑い続け、惑いと混乱の中から抜け出すことができなかった[3]」。ウェスレーは、このような確信のなさをそのままにしておくことができなかった。アメリカからの帰路、イギリスの岸を見たその日に、彼は日記にこう記している。

私の求める信仰は、「神への確かな信頼と確信、キリストの功績を通して、私の罪が赦され神との和解を得ること」。……それは自分がそれを持っていることを確信することなしに持つことができないものである（多くの人は実際にはもっていないのにそれを持っていると信じていると想像している）。誰でもそれを持つなら、罪から……恐れから……疑いから

解放される。(4)

ウェスレーが、一七三八年五月二十四日の有名な「アルダスゲートの体験」でこの信仰の経験を得たと多くの人々が考えていることは妥当である。この出来事をウェスレーは日記にこう記録した。

夕刻、私はひどく気が進まなかったけれども、オルダアスゲイト街における集りに行ったところ、そこで或る人が、ルタアのローマ人への手紙の序文を読んでいた。九時一五分前ごろ、キリストを信じる信仰によって神が人心に働いて起こしたもう変化について、彼が述べていた時、私は自分の心があやしくも熱くなるのを覚えた。そしてキリストを、只、ひとりの救い主であるキリストを信じた、と感じた。また彼は、私の罪を、私の罪をさえも取り去り給うて、私を罪と死の律法から救って下さったとの確証が、私に与えられた。(5)

実際はこの劇的な経験の後も、ウェスレーのたましいの動揺や時おりのフラストレーションが完全になくなったわけではない。けれどもこのときが彼の生涯の転機となり、救いの確信の教理が形成された瞬間であったことは疑うことができない。

けれども、この経験はウェスレーの経験というよりはキリストが与えてくださった経験であったことに注意したい。ウェスレーの心が燃えたことは重要ではなく、キリストが信頼するに値することこそが重要である。さらに言えば、ウェスレーが日記に用いた「心が不思議に燃えた」という言葉はルカの福音書のエマオの途上の記事から採られたものである。二人の弟子たちは復活したキリストを証ししてたがいに「道々お話しになっている間も、聖書を説明してくださった間も、私たちの心はうちに燃えていたではないか」（二四・32）と話し合った。ウェスレーはこの記事に自分の体験を表現する言葉を発見し、自分に心が燃える救いの確信を与えてくださったのは生きておられるキリストであると証ししたのである。

しかし、なぜウェスレーは、このような経験が可能だと信じていたのだろうか。なぜ彼は、この保証、この確信を期待していたのだろうか。それは彼が新約聖書でそれを読んでいたからであり、また個人的にキリストを体験することを強調するモラビア派の影響を受けていたからであった。後にアルダスゲートの体験や他の同様の経験について述べる時にもウェスレーは、聖書の用語を用いて語っている。「聖霊ご自身が、私の霊とともに、私が神の子どもであることを証しし、その確証を与え、即座に『アバ、父』と呼びました[6]」。彼の経験のこの描写は、使徒パウロの手紙の中の二つの箇所を特に思い出させる。

「神の御霊に導かれる人は、だれでも神の子どもです。あなたがたは、人を再び恐怖に陥れるような、奴隷の霊を受けたのではなく、子としてくださる御霊を受けたのです。私たちは御霊によって、『アバ、父』と呼びます。私たちが神の子どもであることは、御霊ご自身が、私たちの霊とともに、あかししてくださいます。もし子どもであるなら、相続人でもあります。私たちがキリストと、栄光をともに受けるために苦難をともにしているなら、私たちは神の相続人であり、キリストとの共同相続人であります。」（ローマ八・14〜17）

「しかし定めの時が来たので、神はご自分の御子を遣わし、この方を、女から生まれた者、また律法の下にある者となさいました。これは律法の下にある者を贖い出すためで、その結果、私たちが子としての身分を受けるようになるためです。そして、あなたがたは子であるゆえに、神は『アバ、父』と呼ぶ、御子の御霊を、私たちの心に遣わしてくださいました。」（ガラテヤ四・4〜6）

「アバ！　父よ！」という言葉が、新約聖書に三回しか出てこないと言う点は興味深い。二回はパウロの手紙に、あと一回はマルコの福音書にある。マルコの福音書は最も初期に書かれたと考えられているから、パウロはまだ書かれてはいない口承であったにせよ、このマルコの記事に親しんでいたと考えてよい。パウロが「アバ！　父よ！」と書いたのは、その会衆たちもまたなじんでいたであろう福音の物語を思い出させるためであったと思われる。

「ゲツセマネという所に来て、イエスは弟子たちに言われた。『わたしが祈る間、ここにすわっていなさい。』そして、ペテロ、ヤコブ、ヨハネをいっしょに連れて行かれた。イエスは深く恐れもだえ始められた。そして彼らに言われた。『わたしは悲しみのあまり死ぬほどです。ここを離れないで、目をさましていなさい。』それから、イエスは少し進んで行って、地面にひれ伏し、もしできることなら、この時が自分から過ぎ去るようにと祈り、またこう言われた。『アバ、父よ。あなたにおできにならないことはありません。どうぞ、この杯をわたしから取りのけてください。しかし、わたしの願うことではなく、あなたのみこころのままを、なさってください。』」（マルコ一四・32〜36）

パウロは読者の心をゲッセマネのイエスに引き戻して、神の霊の力強い証しを私たちの心と生き方の深みで受け取ることがどれほどの意味を持つかを知らせようとした。これら二つのパウロのテキストには聖霊についての物語の神学がある。パウロにとって私たちが神の子とされることとの聖霊の証しは、安楽な身分の約束でなく、汗のしたたる額にかぶせられた茨の冠であった。そう考えるとキリストと共同の相続人としての私たちの来たるべき栄光についてのパウロの言葉、「キリストと……苦難をともにしている」（ローマ八・17）も意味をなしてくる。聖霊による「アバ！ 父よ！」体験は、園でうつ伏せになって神に「できますならば……しかし、わたしの願いではなく、みこころのとおりにしてください」（マタイ二六・39、ルカ二二・42）と叫んだイエスのもとへ私たちを連れ戻し、私たちを内側から動かして同じ祈りを献げさせる。

このことは、聖霊の体験に新しい光をあてる。それは物語の光である。聖霊の体験、すなわち神の臨在を感じることとは、必ずしも幸福感や高揚を感じることではない。むしろ私たち自身を深い決断をもって神に献げることである。ナザレのイエスに力強く働いたのと同じ聖霊（本書第17章参照）はまた、私たちに神を認識させ、神の意志に従いたいという願望をもたらす。ヘブル人への手紙の「自分を死から救うことのできる方に向かって、大きな叫び声と涙とをもって祈りと願いをささげ」た主は、また「傷のないご自身を、とこしえの御霊によって神におささげになった」（五・7、九・14）主である。私たちの心に私たちが神の子どもであることを証しする聖霊は、ゲッセマネの聖霊なのである。

ジョン・ウェスレーから使徒パウロへ、そして使徒パウロからゲッセマネのイエスへとさかのぼる御霊の証し、または御霊の確信に対するこのアプローチは、クリスチャンの生活における体験の意義に新しい光を当てる。イスラエルの歴史に働いた聖霊は、特にイエスの生涯と使命において、私たちが聖書を通して救いの物語に出会うほどに（それが説教においてであれ、教会学校を通してであれ、あるいは個人的な読書によってであれ）その物語を私たちの心に生き生きとしたものにし、私たちを物語の中に引きこんでしまう。私たちは、進行中の神の物語の参加者となり、出演者になる。同じ聖霊によって、使徒パウロがこう言ったのも驚くにはあたらない。「私はキリストとともに十字架につけられました。もはや私が生きているのではなく、キリストが私のうちに生きておられるのです。いま私が肉にあって生きているのは、私を愛し私のためにご自身をお捨てになった神の御子を信じる信仰によっているのです」（ガラテヤ二・20）。イエス自身が十字架でご自分を与えてくださった物語は、パウロ自身の人生と自己理解の中心点となった。
キリスト教の主要な諸教派が一致しているのは、どんな「神体験」も、常に聖書の光と文脈において吟味されなければならないということである。なぜなら私たちの心と生活に働く聖霊は、聖書が証しするイエス・キリストのご人格とみわざに反して働くことはないからである。私たちの人生における神の臨在への期待と体験は、神の救いについての聖書の物語によって、特に救い主イエスについて証しする福音によって、たたき出され形づくられるべきなのである。

ここまでの私たちの考察は、クリスチャンの体験を対象としてきた。すなわち、クリスチャンの生活における「(神の）御子の御霊」（ガラテヤ四・6）の臨在と活動の認識を扱ってきた。この考察は重要な（そしてより大胆な）疑問を提起する。それは (1) 他の宗教における宗教的体験をどう解釈するか。(2) 人間全般に見られる聖霊の働きをどう解釈するか。物語の神学のアプローチは神の物語の持つ論理と確信によってこれらの疑問に答えようとする。これら二つの疑問の両方に答えるには、ウェスレーが先行的恵み（英語で prevenient grace ラテン語の pre は「以前」、vene は「来る」の意）と呼んだものについて見る必要がある。ウェスレーは、これを十六世紀オランダの神学者ヤコブス・アルミニウスから学んだ。アルミニウスについては後にもふれることになる。

この「私たちに先だつ（あるいは先に行く）恵み」は、神がすべての人に対して愛と優しさをもって臨在し働きかけることを意味する。熱烈なクリスチャンから頑固な無神論者、思慮深い仏教徒まですべての人に対してである。この聖霊、神自身の臨在が、ヨハネの福音書が「すべての人を照らす光」（一・9）と述べる光である。[7] 人間の生活における神の恵み深い臨在のこの光が、私たちに出会い、私たちを召し、私たちを罪と偶像礼拝から遠ざけて神に連れ戻す。先行的恵みとはどのような人も一人として決してあきらめようとしない神ご自身である。神の恵み深いこの臨在が私たちの生活と社会にあるために、私たちは人間らしく保たれている。先行的恵みの教理は、いかなる人間も、聖なるものの光、それがたとえかすかにまたたく光であったとしても、少しの光もなしには存在し得ないことを明らかにする。これは、ウェスレアン神学にとって前章で触れた自然神学への道を開くことになる。なぜなら神の被造物すべてと、その被造物を認識する私たちのいずれもが御霊の臨在に拠っているからである。

ウェスレーはこの普遍的でしかも特別な神の霊の臨在を、人は良心として体験するとしばしば語っている。こう聞くと前章で短く見たカントの良心の取り扱いとウェスレーを結びつけたくなるが、実は両者の間には重要な区別がある。カントは良心を、真に自由で、自律的な（autonomous ギリシャ語で autos は「自己」、nomos は「法律、規則」の意）人間存在の領域であり、人間に遺伝していく能力だと考えた。けれどもウェスレーは、良心を人間が神と出会ったときに生じる体験という、すぐれて神学的な用語として理解した。このことはたとえ当人たちが、神の臨在にまったく気づいていないときでもそうなのである。ウェスレーは言う、「生来の状態に留まり続けている人はひとりもいないのです。み霊を消してしまい、神さまの恵みが全くなくなってしまわない限り、ひとりもいないのです。生きている人の中で、一般的に『生まれながらの良心』と呼ばれるものを全然持っていない人は、ひとりもありません。しかし、これは生まれながらのものではありません。もっと正しくは、『先行的恩寵』と呼ばれるべきです……全ての人はある程度までこの光、弱くはあっても輝く光を持っています。それは早かれ遅かれ、多少の差はあっても、この世にくるすべての人を照らします[8]」。

カント同様、ウェスレーも良心が必ずしもすべての人に同じ善悪の基準を与えるとは考えていなかった。また、人により文化により相当な開きがあることも認めていた。これは重要な認識である。なぜならこれはウェスレアン神学の大切な特質を明らかにするからである。それは、すべての人を照らす聖霊が、一人ひとりの文化、倫理そして、さらに宗教的な信念さえ尊重すること、である。再びウェスレーの言葉に聞こう。「良心とは、次のことをなす機能である、すなわち、これによって我ら自身の思い、言葉、行いを直ちに意識させ、またそれが功か罪か……を意識させる」。ただしこれには条件がついていて、全ての人に共通な一つの良心の声があるのではなく「これは教育やその他の無数の状況に応じて著しく変化するものである」(9)。これは、いわゆる神人協働説を表している（ギリシャ語で synergism syn は「……と一緒に」、erg は「働く」の意）。神は人と共に働かれることを喜ばれる。それも、人が今いるところ、今の人間性、今の社会的歴史的環境において働く。そして聖霊は人をいるべきところ、あるべき姿に動かし始めるのである。

神の霊が人間の意識と様々な社会的、歴史的、そして宗教的な条件（ウェスレーの言う「無数の状況」）の中で協働して働く結果が良心であるというウェスレーの洞察を採用するなら、キリスト教以外の宗教においてもある程度の神認識が可能であることを認めざるを得ない。例えば、ヒンドゥー教徒、仏教徒、あるいはユダヤ教徒は決して彼らの宗教体験をクリスチャンの用語で解釈したり、描写したりしない。けれどもウェスレアン神学者は、彼らがその能力、理解あるいは「光」の度合いに応じて、神を本当に体験し応答しているとする。ウェスレーはこのような神認識を「しもべとしての信仰」と呼び、イエス・キリストを通しての神との関係を「子としての信仰」と呼んだ（ローマ八・15、ガラテヤ四・1〜7）。もちろん先行的恵みは、すべての霊的体験を自動的に承認するものではない。なぜなら人間の能力は、自己欺瞞、誤り、歪みを避けることができないからである。それはクリスチャンの信仰においてもそうである。それにもかかわらず、ウェスレアン神学がクリスチャンでない人々に近づき、彼らの霊的体験を解釈するための大切な出発点がここにある。

クリスチャン以外の神認識の体験に対するこのアプローチは、使徒の働きの三つの箇所を神学的に発展させたものである。三箇所すべてが教養あるユダヤ人によってなされた特殊啓示の外にいる異邦人への説教である。

「そこでペテロは、口を開いてこう言った。『これで私は、はっきりわかりました。神はかたよったことをなさらず、どの国の人であっても、神を恐れかしこみ、正義を行う人なら、神に受け入れられるのです。』」（一〇・34〜35）

「過ぎ去った時代には、神はあらゆる国の人々がそれぞれ自分の道を歩むことを許しておられました。とはいえ、ご自身のことをあかししないでおられたのではありません。すなわち、恵みをもって、天から雨を降らせ、実りの季節を与え、食物と喜びとで、あなたがたの心を満たしてくださったのです。」（一四・16～17）

「神は、ひとりの人からすべての国の人々を造り出して、地の全面に住まわせ、それぞれに決められた時代と、その住まいの境界とをお定めになりました。これは、神を求めさせるためであって、もし探り求めることでもあるなら、神を見いだすこともあるのです。確かに、神は、私たち一人ひとりから遠く離れてはおられません。私たちは、神の中に生き、動き、また存在しているのです。あなたがたのある詩人たちも、『私たちもまたその子孫である』と言ったとおりです。」（一七・26～28）

これらの三つの説教のそれぞれ、最初の説教ではペテロ、二番目と三番目の説教ではパウロが、すべての人間と文化の中の神の恵み深い臨在の認識から始めて、イエス・キリスト、同じ神の決定的な啓示であるお方の宣教へと進んでいる。ウェスレアン神学もまた、他の宗教（「しもべとしての信仰」）の信奉者の神体験をおとしめることはしないが、キリストを通してのみ、すべての信仰、礼拝、体験が変容せられ、判断されるべきである（「子としての信仰」）

とする。

以上の先行的恵みについての考察を心に留めるなら、先に挙げた第二の質問によりよく取り組むことができる。それは神が現実の人間の生活と世界に臨在なさり活動なさる方法に関するものである。体験の役割は、あまりにしばしば先に扱ったクリスチャンの聖霊体験、それも、神の家族にされたという御霊の証しに限って考えられる。しかしウェスレーが聖書のなかに、人間存在一般に「先立って行く恵み」あるいは神の聖霊の臨在を確信したことを考える時に、宗教体験という概念ははるかに広いものとなる。実際ウェスレーは、イギリスの経験論哲学者ジョン・ロック（一六三二～一七〇四）に影響を受けて、すべての経験にたえず注意をはらっていた。ウェスレーの著作を読むと、彼がどれほど注意ぶかく人生や人々を観察していたかということに魅せられる。その観察はとりわけ彼自身に向けられていた。けれども、人間の生活と社会のあらゆる局面における神の普遍的な臨在に対するウェスレーの信念は、生きた経験への注意深い観察に、信仰的な深さを与えた。現代のウェスレアン神学者、トーマス・ラングフォードは言う。「ウェスレーの神学の主要な特徴は、直接的体験とともに、経験のデータにも重要性を認めていたことにある。〔ウェスレーは〕個人的に神の恵みを受けることを経験しながら、それを注意深く観察した。それはとりわけ、聖霊が人間の経験に直接働きかけることを知っていたからである」[10]。

したがって、ウェスレアン神学には、神のすべての被造世界、特にすべての人類における神の恵み深い臨在への確信がある。それだからウェスレアン神学は生きた経験に注意を払い、私たちを取り巻く世界から学ぶことに心を開く。私たちの生活のどの部分も、どの観察も体験も、私たちが神の物語を聞き、解釈し、語ることにおいて無視されてはならないのである。なぜなら神の物語は、私たちの生活のすべて、その社会的、歴史的、教育や宗教上の環境のすべてを含む物語だからである。あなた自身の人間性も、その欠けやゆがみをも含む「無数の状況」丸ごとがこの物語の一部なのである。

私たちの誰一人として、自分自身の経験を、それが宗教的なものであれ一般的なものであれ、神学から無縁にしておくことはできない。私たちは、私たち自身を否定したり、私たち自身の物語が神の物語には関係ないなどと言うことはできない。私たちは神の物語の中心ではない。中心はイエス・キリストである。それにもかかわらず神は私たち一人ひとりをそのままで愛していてくださる。そしてその愛ゆえに、聖霊は私たちをイエス・キリストによる神の家族として集めてくださる。同時に私たちを今あらしめているすべての物語もまた集められる。この書を読み進めるとともにこのことが現実になるように！

注

1　John Wesley, *The Works of John Wesley*, 3rd ed., 14 vols.(Reprint of 1872 ed.,Kansas City: Beacon Hill Press of Kansas City, 1978-79, 以後「Works」と表記), 1:23. 一七三六年二月八日の日記。本書における訳は訳者による。以下も同じ。邦訳としては、山口徳夫訳『標準ウェスレー日記』(全四巻)がある。イムマヌエル綜合伝道団、一九八四年、第一巻七九頁参照。

2　Outler, *John Wesley*, 44. 一七三八年一月二四日の日記。山口訳では第一巻二〇五頁。

3　同 47. 一七三八年一月二四日の日記。山口訳では第一巻二〇八頁。

4　同 50. 一七三八年二月一日の日記。山口訳では第一巻二一一頁。

5　同 66. これは山口訳。第一巻一四三～四頁。

6　Wesley, *Works* 5:127. ウェスレー標準説教53上「御霊のあかし（その2）」、二七五頁。

7　この「すべての光」はイエスのことであって、聖霊ではないと考える向きもあるかもしれない。ヨハネは14節で初めて受肉したことばであるイエスに言及する。けれども受肉以前にも光は世にあってすべての人を照らしていた。その光は「先住のキリスト」あるいは「キリストの御霊」と呼ぶべきであって、イエスご自身とは区別される。

8　Wesley, *Works* 6:512. 「自己の救いの達成」『ジョン・ウェスレー標準説教XIII　完全について』竿代忠一訳、日本ウェスレー出版協会、一九九〇年、一〇八～一〇九頁。

9　Wesley, *Works* 7:187.「良心について」『ジョン・ウェスレー標準説教Ⅳ　恩寵の手段』竿代信和訳、日本ウェスレー出版協会、一九七四年、四八頁。

10　Thomas A. Langford, *Practical Divinity: Theology in the Wesleyan tradition* (Nashville: Abingdon Press, 1983), 26.

■第一部（第1章〜第4章）　ディスカッション・リーダーのためのガイド

「そういうわけで、愛する人たち……私たちの主の忍耐は救いであると考えなさい。それは、私たちの愛する兄弟パウロも、その与えられた知恵に従って、あなたがたに書き送ったとおりです。その中で、ほかのすべての手紙でもそうなのですが、このことについて語っています。その手紙の中には理解しにくいところもあります。無知な、心の定まらない人たちは、聖書の他の個所の場合もそうするのですが、それらの手紙を曲解し、自分自身に滅びを招いています。」（Ⅱペテロ三・14〜16）

この箇所は、実に興味深い。新約聖書記者の一人が、他の記者にコメントしているからである。以下のポイントについて考え、グループでディスカッションをしてみよう。

1　パウロの手紙は「聖書の他の個所」と並べて論じられている。このことは最も初期の教会がパウロ書簡をどのように扱っていたかを示唆している。

2　「パウロも、その与えられた知恵に従って、あなたがたに書き送った」に示されている神の啓示についての理解は注目に値する。この「知恵」はもちろん、神の知恵であるが、同時にパウロが手紙の著者であることも明らかである。

3　「その手紙の中には理解しにくいところもあります」というペテロの判断にも注目したい。パウロは「その与えられた知恵に従って」書いたにもかかわらず、このような批判を受けることになったのである。

4　「無知な、心の定まらない人たちは……（聖書を）曲解し、自分自身に滅びを招いています」とある。解釈の重要性が強調されている。解釈は聖書、伝統、経験によって形作られる理性の働きである。けれども「曲解」の原因の一つは、聖書には「理解しにくいところ」があるからである。

〈ディスカッションのための設問〉

1　クリスチャンにとって体験が果たす役割、あるいは果たすべき役割とは何だろうか？

2　ウェスレアン神学の四辺形、聖書・伝統・理性・経験について話し合おう。それぞれの要素はどのように関連し合っているだろうか。クリスチャンの生活と思考において、どれか一つの要素を分離することは可能だろうか？

3　聖書という書かれた言葉とイエス・キリストという生ける言葉の関係について話し合おう。

4　理性を扱う本書第3章では、神の存在に関する伝統的な議論を扱っている。これらの議論が神への信仰に果たす役割は何だろうか？　あるいは、そもそも何らかの役割を果たし得るのだろうか？

5　聖書について考察を加えた本書第1章では、主イエスの復活に関する福音書どうしの記述の相違を見た。これらの相違をどのように感じるだろうか？　わずらわしさを感じるだろうか？　もしそうならなぜだろう？　あるいは、そうでないなら、なぜそう感じないのだろう？　そして、福音書間のこれらの相違はどのように説明できるだろうか？

6　あなたがたをクリスチャンとして形作って来たそれぞれの伝統について話し合おう。今までに、その伝統の影響と決別しなければならなかった人はいるだろうか？

第二部

神の物語の始まり——創造論

本書第一部は、神の物語へのイントロダクションであった。そこでは私たちは、聖書・伝統・理性、そして経験の四つの要素が神学において果たす役割を考察した。便宜上、四つの要素に一章ずつをさいて順に論じたが、実際にはこの四つはたがいにからみあっている。例えば、私たちは、聖書を読んで解釈するときに必ず私たちの理性を用いる。そのときこれを伝統という「レンズ」を通して行っているし、それは私たちの持っている経験と切り離すことができない。四つの要素はいずれも、互いに影響を与え合っているのである。

本書第4章ですでに述べたように、聖書・伝統・理性・経験の相互に絡みあったダイナミックな関係は、しばしば、「ウェスレアン神学の四辺形」と呼ばれる。ジョン・ウェスレー自身は四辺形という言葉は使わなかったが、彼のキリスト教信仰と実践にとって、これら四つのすべてが重要だったことは明らかである。けれどもそれはウェスレーにとってだけではない。聖書を読もうとする者は誰でも、これらすべてを用いないで解釈を行うことはできない。

このことを説明するために主イエスの復活に関わる物語を見てみよう。先にも見たエマオの道の二人の失望した弟子の物語である。この物語はルカだけが記録している。そもそも私がここでこの箇所を選んだということ自体が理性を働かせた結果である。私は決して目をつぶって聖書を開いてこの箇所に行き当たったわけではなく、理由があってこの箇所が妥当だと考えた。私は私の理性を用いて選び、あなたはあなたの理性を用いてこれを読むのである。

最初のイースターの日曜日の午後、この二人の弟子たちはエルサレムからエマオへと続く道を歩いていた。「そして、ふたりでこのいっさいの出来事について話し合っていた」（ルカ二四・14）。彼らは主イエスが裏切られ、逮捕されて苦しみ、十字架に架けられたこと、つまり彼らが最近味わった心痛む経験の意味を理解しようとしていた。彼らがそれと知らずに主イエスに話した言葉によれば、彼らは「この方こそイスラエルを贖ってくださるはずだ、と望みをかけて」（21節）いた。けれどもイスラエルを贖うお方が、あのような忌まわしい最後を遂げるとは何たることだろうか。それは彼らの理解を超えていた。彼らの理性に反していたのである。

それでも弟子たちはエルサレムでの彼らの経験を理解しようとして理性を用いていた。彼らが主イエスがイスラエルを贖うお方だという望みを持っていたのは、彼らがそのような旧約聖書の解釈の伝統に属していたからである。彼らはメシア預言に関するユダヤの伝統に思いを巡らしていた。それは律法と預言の忠実かつ希望にあふれた解釈に基づく伝統であった。

私たちと同じように、彼らも彼らが身をおいていた解釈の伝統から離れては聖書を読むことはできなかったのである。

混乱と失望の中にいた彼らに「イエスご自身が近づいて、彼らとともに道を歩いておられた」（15節）とある。彼らが語る打ち砕かれた希望に耳を傾けたあと、復活された主イエスは「モーセおよびすべての預言者から始めて、聖書全体の中で、ご自分について書いてある事がらを彼らに説き明かされた」（27節）。主イエスはこうして彼らに聖書を読むためのまったく新しい目を与えられた。注目すべきは、主イエスが会話や解釈や教えること、すなわち理性を用いられたことである。けれどもそこで用いられたのは理性だけではない。このお方は死人の中から実際によみがえられた私たちの主イエスだったのである。だからルカは「しかしふたりの目はさえぎられていて、イエスだとはわからなかった」（16節）と記している。ここには何かしら理解を超えた神秘がある。経験が再び強調されているのである。

何よりも弟子たちの言葉がその証しである。「道々お話しになっている間も、聖書を説明してくださった間も、私たちの心はうちに燃えていたではないか」（32節）。これは理性を用いて聖書を解釈することによって心が燃やされる経験であった。けれども、主イエスがパンを取って祝福し、裂いて彼らに渡したときに初めて、つまり主イエスとこれまで幾度となく共にした食事や主イエスが多くの飢えた者たちを養われたこと、そして主イエスとの最後の過越の食事をもう一度経験して初めて「彼らの目が開かれ、イエスだとわかった。するとイエスは、彼らには見えなくなった」(31節)。神が彼らの目を開かれたとき(使徒の働き一〇・40〜41)、彼らは共におられるのが生ける主イエスであることに気づいた。すると主は見えなくなった。このとき彼らは実に重要な霊的経験を体験したのであった。

けれども物語はさらに続く。驚いた二人の弟子たちはエルサレムに引き返して、他の弟子たちに彼らの経験、特に「パンを裂かれたときにイエスだとわかった次第」(二四・35)を語った。復活の主イエスと食卓に着いた経験は、やがて新しい伝統の源となった。聖餐である。聖餐において私たちはパンを裂かれるのは主イエスだと信じ、期待する。共にパンを裂くことによって、私たちは弟子たちと同じように、主イエスの物語に引き込まれる。エマオの道ならぬ人生の道で、厳しい現実の意味を理解しようと苦闘しながらも、生きておられるキリストとの交わりのうちに入れられるのである。このキリストこそが私たちに聖書を開いてくださるお方、私たちが信頼を置き、その復活の臨在が今も私たちの心を燃やすお方である。ジョン・ウェスレーが一七三八年五月二十四日の夜に自分に起こったことを、エマオの二人の弟子たちの言葉を用いて「私は自分の心があやしくも熱くなるのを覚えた」と日記に書き記したことは注目に値する。この言葉使いから見て、ウェスレーが自らの救いの確信の経験を、生ける主イエス・キリストとの出会いとして理解していたことは明らかである。ウェスレーは、ルカの描くエマオの道の物語を思い浮かべていたのである。

聖書、伝統、理性そして経験。エマオの道の物語でもこれらはみな絡み合っている。私たちの大部分の者の、主イエスにおける神との出会いはこれほど劇的ではないかもしれない。けれども神学的な試みはすべて、それがただ単純に聖書を読むだけであったとしても、この四つの要素を含んでいる。この四辺形という言葉を最もよく用いるのはウェスレアン神学に立つ者であるが、そうでない人々であったとしても聖書、伝統、理性、経験を用いないで神学に取り組むことはできない。

以上のような議論は方法論と呼ばれる。すなわちどのように神学に取り組むかという方法の議論である。この第二部へのイントロダクションにおいては、ウェスレアン神学が、神について、神と被造物の関係について、とりわけ人間との関係について考えるための予備的な方法論に関する考察をおこなってきた。方法論について論じるべきことはまだあるけれども、物語の神学は方法論よりも物語の中に飛び込むことの方にはるかに大きな関心を抱いている。

もう一度、理性を用いて聖書の箇所を選んで引用しよう。「というのは、だれも、すでに据えられている土台のほかに、ほかの物を据えることはできないからです。その土台とはイエス・キリストです」（Ⅰコリント三・11）。クリスチャンの信仰、生活、思いにおいて神が据えられた土台は主イエスである。あの二人の弟子たち、エルサレムでの痛ましい出来事に混乱し、疲れ切り、絶望の中にあった弟子たちの目を開いたように、神の物語の第二部に進む私たちの目を神が同じ恵みをもって開いてくださるように。第二部では、すべてのものの創造者である神について考察するが、その際にも、神が私たちのために、この地上に、被造物の歴史のただ中に据えられた、驚くべき、奇妙といってさえよい土台の上でそうしよう。それはもちろん、十字架に架けられたが生きておられる主イエス・キリストである。

第5章　創造の神

「神は仰せられた。『……あれ』」（創世記一・3）

聖書は、神が万物の創造者であること、使徒信条によれば「天地の造り主」であることを証しする。聖書によれば、神はその口から出る言葉によって創造するお方である。神の物語の始めの「……あれ」という言葉は、ヨハネの福音書のプロローグでは、もっと詳しく語られている。「初めに、ことばがあった。ことばは神とともにあった。ことばは神であった」（ヨハネ一・1）。聖書は全巻を通して、神の言葉が持つ創造の力と贖いの力を証しする。神の口から言葉が出ると、何かが起こるのだ！

さらにヘブル人への手紙によれば、この神の言葉の力は、キリストにあって、被造物を支え続け、存在させ続けている。なぜなら神はキリストによって、「その力あるみことばによって万物を保っておられ」（一・3）るからである。それゆえ神の物語を始めたのも、進行させているのも、言葉を発する神である。神の言葉が、私たち人間にも言葉を発することを可能にし、また私たちが参加しているこの進行中の物語を書くことを可能にしているのである。

物語の神学にとって、神が言葉を発する神であり、その言葉が宇宙を始めたというのは、なんともふさわしいことである。なぜなら物語とは、言葉を連ねて語ることであるからだ。言葉が連なって物語となり、聞く者を物語に引き込んで参加させる。そしてまず創世記において、神の言葉が、宇宙という物語を語り始めるのである。ひとりの弟子があるラビに「なぜ神は世界をお造りになったのでしょうか」と尋ねた。答えは「神は物語がお好きだから」であった。

創造する力を持つ神の言葉にはたいせつな特徴がある。創世記一章には、繰り返して「……あれ」という言葉が登場する。神の言葉は「……あれ」という性質を持っていて、シマウマと生殖細胞、トカゲとライオン、岩と川、微生物と山、プランクトンと人間など一切のものの存在を可能にする。「……あれ」という神の言葉には、万物の存在をゆるす神の寛容、すべての被造物に対する神の情熱と愛、また被造物を真に存在させるための神の不思議な譲歩を見ることができる。

ユダヤ教とキリスト教の正統派は、この宇宙が本当に神の言葉から、創造の神の、力と意志と言葉だけから始まったと主張する。すなわち、私たちと私たちの世界は、神以外の、いかなる力、いかなる源、いかなる材料からできたのでもない。陶工が粘土を用いるのとはちがって、神は創造に先立ついかなる材料、物質、そしてエネルギーさえも必要とされなかった。このことは伝統的に、creatio ex nihilo（無からの創造）と呼ばれる。これは神ひとりが神であり、神ひとりが主権者であるという、聖書の真理に基づいている。しかしながら現代の神学者の中には、無からの創造という表現は、あたかも神がまったくの気まぐれで呪文を唱えて存在を呼びだしたように味気なく聞こえるとして異を唱える者もいる。神学者ポール・ヴァン・ビューレンは creatio ex amore（愛からの創造）という言葉を使った。こちらの方が聖書の物語に忠実と言える。また神が聖なる愛であることに焦点を合わせるウェスレアン神学ともよく共鳴する。なぜなら、creatio ex amore には、「……あれ」と言う神は、ご自分以外の存在を愛して、それらを存在させ育みたいという願いから創造を行われたという意味が込められているからだ。

さて神がその口から出た言葉によって宇宙を創造されたことは、唯一神論（唯一の神への信仰）にとって重要である。聖書によれば、神は、いかなる競争相手も持たず、いかなる上位者も持たず、いかなる先在の材料から創造を行ったのでもない。これらの概念はすべて、二元論の産物である。あらゆる二元論は、その定義からして、神が主権者であること、神の神たるゆえんを引き下げることになる。ちなみに、この点が末日聖徒イエス・キリスト教会（モルモン教）の重大な神学的誤りの一つである。彼らは、無数の神々を信じており、この世界を創造した私たちの父である神もそのうちの一人にすぎないと言う。そして神々の進化と増殖は永遠であり、物質からなるこの宇宙も永遠だと言う。そのような神学には、究極的な責任を持つ存在はいない。したがってモルモン教では、神という単語は究極的存在という伝統的な意味とはまったく異なった意味で用いられる。唯一神教の伝統（ユダヤ教、キリスト教、およびイスラム教はその最も有名な例）とは異なって、モルモン教においては、神という単語は宇宙の究極の源であり創造者であるお方の固有名詞ではない。他の多くの神々とともに神の地位を得た一人に贈られる普通名詞に過ぎないのである。

一方、伝統的な唯一神教では、神という単語は、宇宙の創造者を意味する。もしこの宇宙以外に他の宇宙や次元が存在するなら神はそれらの創造者でもある。私たちの宇宙の前に別の宇宙があったとしても、私たちの宇宙の後に別の宇宙ができるとしても、あるいは私たちの宇宙に並行して異次元が存在するとしても、すべての存在するものの創造者は唯一の神である。そしてこの神がイエス・キリストにおいてご自身を啓示された。これがキリスト教の信仰である。

キリスト教は、被造物を超越しながらも、被造物すべての中にはたらく神の主権を擁護しつつ発展してきた。この擁護は主として、神の全能、全知、および遍在を主張することによってなされてきた。

全能の最も単純な定義は、すべての能力や力はもともと神のものであるというものである。神が競わなくてはならないようないかなる力も、存在やエネルギーの源もありえない。ユダヤ人神学者エミール・ファッケンハイム（一九一六～二〇〇三）の言葉を借りれば、神は唯一の力である。これを極端に単純化すれば、すべての出来事は神ゆえに起こる。なぜなら結局は全能の神が、すべてのことを始め、意図し、手をくだされるのだから、ということになる。実際にクリスチャンのなかには、このような神の全能の教義を信じている者もいる。

同じように全知は、神、すなわち主権を持つ理性がすべてのことを知っているということを意味する。どんな小さな出来事も、神の全知から隠れることはできない。しばしば、この全知への信仰は、未来のすべての詳細まで含むもの（予知）と思われている。したがって、全知の神は決して驚くことがないとされる。神はすべてを知っておられ、それも予め知っておられるからである。何世紀もの間、哲学者や神学者は、このような神の予知が、人間の自由をまったく否定するかどうかという疑問と取り組み、様々な回答を提出してきた。例えばカルヴァン主義の神学者は一般に、人間の自由という概念を保護することにはあまり関心がない。彼らにとって最大の関心事は神の主権だからである。一方、オランダの神学者ヤコブス・アルミニウス（一五六〇〜一六〇九）は神の予知を確信しながらも、それが神の恩恵に応答する人間の自由を制限するとは考えなかった。後に、神の予知と全能との関係について詳しく見ることにする。

最後に、遍在とは、神がすべての瞬間に全宇宙ですべての場所におられるということを意味する。神がおられないところはどこにもない。遍在の教義は、極小の素粒子にも、神が臨在されることを示す。同時に、神は巨大な宇宙よりもさらに大きく、宇宙の全部を支えておられる。

教会の歴史を通して、神学者たちはこれら三つの教義のそれぞれにとって、証拠となる聖書のテキストを見出して来た。しかし比較的最近になって、これら三つの教義の根拠は、実際は抽象的な理論や「神が神であるためにはどのような存在でなければならないか」という演繹的論理にあることが指摘され始めた。これらの教義は聖書の物語の中に登場し、描かれる神から出発していないというのである。これらの教義の描く神は、形而上学的には欠けるところがない。けれども、そのような神は哲学的な産物、理性の産み出した発明であり、アブラハムとサラ、イサクとリベカ、ヤコブとレアとラケルの生ける神ではないのではないだろうか。

これらの教義への疑いが生じる理由の一つに、神義論（theodicy、ギリシャ語の theo は「神」、dikē は「正当化」の意）、すなわちこの世界で神のなさることを正当化しようとする議論の存在がある。神義論は、著しい苦難と意味がないように見える痛みに直面する中で神への信仰を擁護するという神学的な使命に取り組む。唯一の主権者である人格的な創造者が、すべてのことを支配しておられることは私たちを喜びに満たす。けれどもそれは、信仰に富んだ人々を悩ませることにもなる。愛をもって創造された（creatio ex amore）善なる神は、世界がこんなにも多くの意味のない苦悩に満ちていることを許しているのだろうか。ホロコースト、広島、長崎、カンボジア、ウガンダ等々、二十世紀に限ってみても、恐ろしく非人道的なおびただしい拷問、苦痛、暴力による流血があふれている。それでも、まだ善にして力ある愛情深い神を信じることができるのだろうか。

アルベール・カミュの書いた古典『ペスト』にあるような実存主義者の抗議に共感する多くの人々が「無神論的抗議」とでも呼ぶべき立場に立つ。この問題が現代人が信仰を持とうとしない最大の理由かもしれない。

問題は、以下のように整理できる。

- 遍在の神は、悪の存在を知っているはずである。
- 全知の神は、その悪に打ち勝つ方法を知っているはずである。
- 全能の神は、悪に対して勝利を得ることができるはずである。そして、
- 愛の神は悪を取り除くことを望むであろう。
- しかし悪はなくならない！

この「悪」という語は、戦争、殺人、抑圧、拷問、あらゆる種類の虐待（特に無力な子どもに対する虐待）、飢餓、餓死、ホームレス、事故や病気、先天的障害を含む。もちろん、このリストはまだまだ続く。エリ・ヴィーゼルは、『夜』という小品で、一山のユダヤ人の子どもたちが、燃えさかる巨大な穴に、まさしくこの世の地獄に投げ込まれるのを見たと語る。神学は、この穴の端で子どもたちが焼かれているその現場に立ち会わなくてはならない。このような世界では、どんな神義論も不適切に感じられ、恥じ入らされる。神のなさることを正当化しようとして、このような苦しみを軽く取り扱ったり、これらの悪を終わりにさせるための努力を鈍らせたりしてはならない。むしろ、神に対するまっすぐな信仰は、私たち自身を深く探らせ、全力をつくして人間の苦悩の醜い面を極限まで見つめさせるはずである。

まず、キリスト教神学における道徳的悪と自然悪の区別から始めよう。道徳的悪は、人間の決定の結果である苦悩、より正確には人間の自由の誤用の結果であるすべての苦悩を意味する。道徳的悪を扱うのに最も効果的なのは、自由意志によって神を弁明することである。なぜなら、自由意志による弁明はこの世の悪が人間の罪の結果であって、神の意志や行いによるものではないと論じるからである。この弁明によれば、誰かが他の人によって苦痛をこうむったり、死んだりしたからといって、神の直接の責任だということはできない。なぜなら、神は人間がお互いをそのように扱うことを意図していないからである。もちろん、罪を犯すことができる存在を造り出した最終的な責任は神にある。けれども、神は悪についてはただ間接的にのみ責任があるだけである。神は、人間に自由を与えたとき、同時に悪が生じる可能性をも造り出しただけだからである。

この自由意志による弁明から、神の全能についてのより良い洞察に進むことができる。神は世界の創造、特に神にそむく決定を行う力をもった人間を創造することによって、不思議なまでに慈悲深くも、その力を被造物に分け与えた。神の創造の力は、神に対してにぎりこぶしを振り上げて、「ノー」と言える神から独立した存在を造りだすことができるほどの力である。これは驚くべきことである。力ある神が、その力を被造物に分け与え、被造物が自分で生きて行動することを許すのである。神の全能は、他に力を与えることができる能力である。それゆえ、神の全能には被造物に分け与えられたすべての力を含めて考えるべきである。神の力と人の自由はこのような関係にある。

しかし、この世にはもう一種類の悪がある。通常自然悪と呼ばれるものである。これは、人間の自由の誤用ではなく、ハリケーン、火山、死にいたらせる病気や干ばつなどのことである。もちろん、人間が自由を賢く用いるなら、自然悪によってもたらされる苦難を緩和することはできる。たとえば、干ばつ、飢饉その他の自然災害の犠牲者には食物と水を送ってその必要に応えることができる。病気に対しては、治療法を発見したり開発したりすることができる。通常、ハリケーン、火山や地震のような現象は、人間の生活や社会を脅かす時にだけ、「悪」だと考えられる(1)。

自然悪についても、多くの場合には、自由意志による弁明を応用することが可能である。災害があった場所以外の場所に住むことが、被災者にもできたはずだと考えるわけである。けれどもこれは、例えばヘレン山が一九八〇年に噴火したとき、その近くに住んでいた人々が財産や愛する者たちを失ったのは、彼ら自身の過失だったという意味ではない。そうではなくて、それは単に、様々な決定の複雑な連続の末、私たちが間違った時に間違った場所に居あわせることもあると考えるのである。

実は、私たちの世界の破壊的な自然現象の多くは、それ自体としては悪ではなく中立である。さらに言えば、それらは良いものだとさえ言うことができる。例えば、地震や火山は、惑星内部の圧力を逃がすことによって、惑星が吹き飛んで、すべてが破壊されることを防いでいる。もちろん、これは私たちが実際に問題に直面した時には役に立たない理屈である。自分自身が自然悪と向き合うとき、私たちはコントロールを越えた破壊的な力のなすがままになってしまう。

ヨブ記の神義論はそのような状況と取り組んでいる。一見、答えは単純なように思える。サタンと神の間で賭が行われ、あわれなヨブはその賞金にされている（一・6～12、二・1～7）。これなら、すべての悪の責任をサタンに負わせ、すべてのよいことを神に帰することができる。しかし、サタンが登場するのはヨブ記の初めの部分だけで、それ以後はまったく現れない。そして、初めの部分においてさえも、サタンは神と対話し、神が許す範囲内でのみ行動している。神が万物の創造者であり保持者であるなら、サタンもまた、神によって作り出され、支えられていることになる。他の被造物と同じように、悪魔の存在は、神の言葉によって可能とされている。だから、悪と破壊の責任をサタンのせいにすることは、単に問題を先送りするだけである。なぜなら、神は、サタンを含む万物に主権を持っているからである。

さらに、神から答えを聞きたいというヨブの願いが最後に応えられたときに、神は世界に存在するすべての喜びと同時に苦痛の責任からも逃れようとはなさらなかった。つむじ風の中からの雷のような神の答え（三八章～四一章）は、四一章でその絶頂に達する。そこでは、神が「レビヤタン」あるいは、クロコダイルについて語られる。クロコダイルを見ると、私たちは感嘆よりも反感を経験するかもしれない。しかし、神が見るところは、私たちとは異なる。


「その上にあなたの手を置いてみよ。その戦いを思い出して、二度と手を出すな……

これを起こすほどの狂った者はいない。だから、だれがいったい、わたしの前に立つことができよう……

だれがその顔の戸をあけることができるか。その歯の回りは恐ろしい……

その息は炭火をおこし、その口から炎が出る……

それが起き上がると、力ある者もおじけづき、ぎょっとしてとまどう……

地の上には、これと似たものはなく、恐れを知らないものとして造られた。」

（四一・8、10、14、21、25、33）


クロコダイルの素晴らしさについての神の長い独白を聞くことは、創造者である神、すべての自然、猛々しい歯や爪も含む自然の主であるお方に対する正しい認識の始まりとなる。

第3章で見た神の存在についての目的論的議論は、自然界の美と調和についてロマンティックに語る傾向があった。けれども自然界には暗黒面もある。大きい魚が小さな魚を食べ、野蛮な闘争が行われて血が流される。ヨブ記は、自然界のこの暗黒面をも神の作品として感謝するように求める。確かに自然界には調和がある。しかしそれはしばしば恐ろしい調和であり、被造世界の中には獣的な力も存在することを示している。

神がつむじ風の中からお語りになったのは偶然ではない。それは、誰にも止めることができない自由な神のエネルギーを示している。「荒野の方から大風が吹いてきて」（一・19）とある風がヨブの家族に死をもたらした。その一方で、そのつむじ風の中から、創造の無数の多様性を喜ぶ神の言葉が響くのである。神は、大洋の広大さ、光と闇、雪と雹、洪水と稲妻について語る。神はヨブの心を、露と氷、星座と雲、泥のかたまりにも向けさせる。神は、ライオン、大ガラス、シロイワヤギ、シカ、またロバについて語る。雄牛は、ダチョウ、馬、鷹、カバと同じく神のものである。つむじ風の中からのこの威厳ある語りかけは、私たちにもヨブと同じように、神の想像力にあふれた創造への畏れを抱かせる。なぜなら神が造られた被造世界は、実に変化に富んでおり、生命と活力に満ちているからである。この世界は神だけが造りだし、神だけが支え、神だけがそのとてつもない多様性と絶妙な調和を保つことができる。それは今にも壊れそうな繊細な調和である。

クロコダイルに戻ろう。なぜ、クロコダイルについての長い独白が、神の言葉の頂点であり、ヨブに自らの卑小さに気付かせ、謙遜に追いやったのであろうか。聖書学者は、クロコダイル、あるいはレビヤタンが、カナン人の神話において重要な生きものであったことを指摘する。カナン人の宗教的なイメージは、しばしば旧約聖書において言及され、手きびしく批判されている。カナン人にとってレビヤタン＝クロコダイルはロータンを表していた。これは、渦巻く海の七つの頭がある怪物であり、創造の時に征服されたカオスの擬人化だとされている。詩篇七四篇は、神によるカオスの征服と支配の神話的イメージを歌っている。

「確かに、神は、昔から私の王、地上のただ中で、救いのわざを行われる方です。
あなたは、御力をもって海を分け、海の巨獣の頭を砕かれました。
あなたは、レビヤタンの頭を打ち砕き、荒野の民のえじきとされました。
あなたは泉と谷を切り開き、絶えず流れる川をからされました。
昼はあなたのもの、夜もまたあなたのもの。あなたは月と太陽とを備えられました。
あなたは地のすべての境を定め、夏と冬とを造られました。」（七四・12〜17）

ヨブ記四一章において、神がクロコダイルをこれほど重要視するのは、それが単なる沼地の「わに」ではなく、より深い象徴的なレベル、物語のレベルにおいて、カオスという怪物を示すからである。カオスは深海の渦巻く水の力のように人間の生活に必要な秩序と幸福をおびやかす。けれども、神はこの怪物をコントロールしている。それどころか、神がこの怪物を造ったのである。創世記一章21節に「神は、海の巨獣……を創造された」とあるとおりである。つまり、渦巻くカオスの破壊的な力、異教の神話によって神格化された深海の怪物は、創造者であるイスラエルの神の被造物に過ぎないのである。詩篇一〇四篇はさらに「そこには大きく、広く広がる海があり……そこを船が通い、あなたが造られたレビヤタンも、そこで戯れます」（25〜26節）と、このカオスの怪物をユーモアたっぷりに扱っている。

創世記一章を見てみよう。そこでは、神が創造なさるとき、神の霊＝風＝息（ルアハ）がカオスの混沌とした水の上を吹いて、大空をもって「大空の下の水と大空の上の水」を分け、「天の下の水（を）一所に集」め、かわいた地を現れさせた（7、9節）。この感動的な創造の情景は、神がカオスを押し戻したことを教えている。カオスは、形なく渦巻く深く暗い水によって象徴されている。そして、そこに秩序と構造、すなわち乾いた土地が現れる。渦巻く恐ろしいカオスも確かに神の創造の一面であるが、神は生き物のために、特に人間のために、秩序という存在しうる場所を創造された。この創造は、いのちを与える神の霊が、水の上に息づき、水の上を吹くことによってもたらされたのである。

創世記における創造物語は、しばしばイスラエルの出エジプトの光に照らして物語られているとされる。出エジプトの出来事は、ユダヤ人が救い出され新しい国民に創造されていく体験を記憶にとどめた物語であるから、この示唆には説得力がある。先ほど引用した詩篇七四篇には創造のイメージと出エジプトのイメージが二重に写した写真のように重ね合わされている。創造は「海を分ける」偉大な「救いのわざ」として讃えられている（七四・12、13）。創造に対するこのようなアプローチの論理は、「エジプトのくびきから私たちを解き放った神は、また天地の創造者である」というものである。どちらの出来事においても、神の力ある霊＝息が海を分けカオスを吹いて押し戻し、新しい被造物を出現させる。出エジプトでは、それは神の民、特別な、召された民の創造であった。創世記では、それは世界の創造であった。どちらの場合でも、神の言葉は「……あれ」であり、すると本当の創造が行われ、本当の人々、本当の「他者」すなわち神とは異なる者、神の支配下にない者、操り人形師の操りひもにくくられていない者が存在するにいたった。

人間の側から見ると、神に対して他者であるということは、人間が自由であって神の愛とみこころを拒絶し得ることを意味する。拒絶の結果は罪（道徳悪）である。人間以外の被造物においては、他者性はカオス（まったく聖書的であると同時に、現代の物理学者も魅了する概念）に見出される。カオスにおいて、神はご自身の手になる被造物に不確定性、時には不従順さえも許されている。だからいわゆる「自然悪」は、私たちの予測可能な秩序だった生活へ「カオス」が侵入してくることだと考えることができる。ヨブが神への問いを発したのは、カオスの乱入による苦悩のゆえであり、その問いを沈黙させたのは、カオスの深みにいる怪物レビヤタンについてのつむじ風の中からの声であったことを忘れてはならない。この怪物（文字通りにも象徴的にも）は、神の被造物であるが、同時に神に対する他者性ゆえに、今も私たちをおびやかし傷つけ続けている。

創造についてのユダヤ人の理解が彼らの出エジプトについての集団的な記憶によって組み立てられているのに対して、クリスチャンもまた自分たちの「救いの物語」、すなわちイエス・キリストの福音を通して、世界の創造を解釈する。例えば、ヨハネの福音書は、神が創造において話された創造の言葉（ロゴス）がナザレのイエスにおいて人となった「ことば」と同じ言葉だと語る（一・1、14）。同様にパウロは言う。「『光が、やみの中から輝き出よ』と言われた神は、私たちの心を照らし、キリストの御顔にある神の栄光を知る知識を輝かせてくださったのです」（Ⅱコリント四・6）。ここでのポイントは、初代のクリスチャン・コミュニティーが、キリストの力強い贖いの光の中で生きるなかで、神の創造のわざをも、この光によって見始めたということである。「御子は、見えない神のかたちであり、造られたすべてのものより先に生まれた方です……御子は、万物よりも先に存在し、万物は御子にあって成り立っています」（コロサイ一・15、17）。

このことは、神、創造、そして悪の問題を理解するための豊かで、大切な含蓄を持つ。まずクリスチャンは、創造を行われた神の心は、キリストの心と同じだと信じる。第一ヨハネの「神は愛である」という大胆な告白（四・8、16）は、神学的な思索の結果ではなくキリストが十字架上でご自分を投げ与えられた結果であり、実に神は愛であって、永遠に変わることなく愛であると告げる。キリストを創造の教義の中心に位置付けるなら、創造という神の行為は、まさに十字架の上で自己を与え、他を受け入れる十字架の愛と同じ愛によるものである。「……あれ」という言葉は、被造物である他者と存在を分かち合う愛なるお方の言葉であり、肉体となり、私たちの間に住まわれ、私たちのためにご自身を投げ出された愛なる「ことば」であるお方である。創造の中に十字架があるのだ！

十字架のキリストは、創造者である神を決定的な形で啓示する。すなわち被造物の他者性とかかわって傷つき苦しむ神の姿をあざやかに浮かび上がらせる。だから創造者は本当に愛であり、神の力は支配するための握りこぶしではなく、開かれて血を流す手である。これが神の全能についてのより適切な理解である。キリスト、肉体をとったことば、人によって十字架に釘づけられた方は、神というお方が、私たちの自由の乱用のために痛み、苦しむことをいとわない方であることを啓示する。全能の神は、力を貯えるのではなく、力を分け与える神である。ご自分を与える神は、創造において被造物に「存在する」という力を分け与えた。英国国教会の神学者ジョン・マッコーリーは、このように記している。「創造は、神が自己を空にすることであった……神は愛と寛容ゆえに、「存在」を被造物と分けあう。これは、単に力を制限するというだけではなく、神ご自身が傷つけられ得る存在となることであった。なぜなら、神の愛も、力を分かち与えることも、自由を授けることも、愛し、分かち与え、授ける神が苦しむ可能性を必ず伴うからである」[2]。全能の神は、その力のすべてをご自分で使うわけではない。なぜなら、その力の一部は私たちに分け与えられているからである。これは、力の量的分配というよりは、むしろより正確には、神の力の本質は、他者に力を与えることにあることを示している。

神の全知の教義もまた、神の愛の決定的な啓示であるキリストの十字架というレンズを通して解釈するとき、重大な展開をみせる。ヘブル語の「知る」（ヤーダー、例えば「アダムはエバを知った」）には重要な意味がこめられている。他者を知るということは、積極的に他者と関わり、相手との関係を変えていくことである。つまり、最も深い意味における他者との交わりである。だから全知とは、無関心で受け身の、コンピュータのような宇宙の詳細についての知識ではない。それは、愛の全知、私たちの生きかたを深く探る愛の全知である。神は能動的に、私たちを愛してくださる。そして私たちを知ってくださる。詩篇はこのことを高らかに歌う。


「主よ。あなたは私を探り、私を知っておられます。

あなたこそは私のすわるのも、立つのも知っておられ、私の思いを遠くから読み取られます。

あなたは私の歩みと私の伏すのを見守り、私の道をことごとく知っておられます。

ことばが私の舌にのぼる前に、なんと主よ、あなたはそれをことごとく知っておられます。」

（一三九・1〜4）

同様に、神の遍在も、十字架によって明らかにされた愛の光によって解釈されるときに、新しい意味を輝かせる。そう、神は、どこにでもおられる。なぜなら、神は永遠の愛であり、すべての被造物のために、すべての被造物と共にいてくださるからである。「神は愛です」ということは、アウシュビッツで子どもたちが焼かれている穴にも、広島の原爆の目をも溶かす灼熱の中にも、聖霊なる神がおられたことを意味する。そして、神はどこにもまさって、主イエスの十字架の上に架けられた神である。神は愛であるがゆえに、静かに苦しみながら私たちの応答を、私たちが神の存在を認識する時を待っておられる。神は、私たちの認識や尊敬を強要することはされない。あるユダヤのラビが生徒たちに、「神はどこにいるか？」と尋ねたところ、一人の熱心で聡明な生徒が答えた。「もちろん、どこにでも！」。けれども、ラビの答えはこうであった。「神は、私たちが許すところにおられる」と。神の遍在は、愛の遍在である。それは静かに私たちがその愛に応えるのをずっと待つ遍在である。

以上の十字架に表された創造者のご性格は、神義論、すなわち悪の問題に対して、私たちの目を新たに開く。ウェスレアン神学の伝統は、神の主権がもっぱら、愛の主権であるとする。

したがって、人間の苦悩についてまず第一にいえることは、愛である神がそれを分かち持たれる、ということである。主イエスの十字架を神学の中心にすえるなら、遠くの天の御座におられて、動かされることのない全能の神、あるいは被造物の苦悩を感じることなく、痛むことのない神という概念はあり得ない。私たちと共なる、私たちのためにイエスの苦悩においてご自身を啓示された神は、傷つく神であり、痛みを分かち持つ神である。哲学者アルフレッド・ノース・ホワイトヘッドは、神を「共に苦しみ理解する者」と呼んだが、これは、彼がキリスト教の深い影響を受けていることを示している。

十字架に表された創造者のご性格は、神義論に影響を与えるだけにとどまらない。神が私たちと苦悩を共にし、私たちの悲しみを理解してくださるのはすばらしいことである。しかし主イエスは悪から解放されることを求めて祈るようにも教えられた。イエスの死からの復活が、その約束である。神は十字架の上で、被造物の手によって苦しむことを受け入れ、私たちをおびやかして害を加えるカオスの苦痛を私たちと共に感じた。そして復活は、神が究極的には勝利の力であることを示す。神は、目的（ギリシャ語でtelos、これはヘブルの預言者がしばしばシャロームと呼んだもの）をもって、創造を行われた。シャロームは、すべての被造物を包む全き幸福であると同時に、この損なわれてしまった、傷んでいる世界に生きる神の民を支える平和の望みである。この平和とは、私たちの自由の誤用がもたらす破壊的な結果に対する神の戦いが目指す平和である。神が将来においていつかある時点で宇宙のシャロームのために私たちの自由をお封じになるかどうかは憶測の域を超えないが、聖書は、被造物が完全に満たされるために、神は私たちと共に働き、私たちが神と共に働くことを好むことを示唆している。そして、この世界での神のパートナーとして、私たちが自分自身を差し出せば差しだすほど「神は愛である」という確信は強められる。すなわち、キリストにおいて人のかたちをとった愛が、宇宙を創造した力であり、アルファであり、オメガであることを確信するのである。これが、ローマ書で使徒パウロが記した神の主権への信頼である。私たちは神が孤独な名チェス・プレーヤーのように、私たちの人生のすべての出来事を決めるようなお方であるから信頼するのではない。そうではなくて、私たちへの神の愛が、宇宙の何物をもってしても破壊することができない愛であるがゆえに信頼するのだ。

「私たちは、被造物全体が今に至るまで、ともにうめきともに産みの苦しみをしていることを知っています。そればかりでなく、御霊の初穂をいただいている私たち自身も、心の中でうめきながら、子にしていただくこと、すなわち、私たちのからだの贖われることを待ち望んでいます。……しかし、私たちは、私たちを愛してくださった方によって、これらすべてのことの中にあっても、圧倒的な勝利者となるのです。私はこう確信しています。死も、いのちも、御使いも、権威ある者も、今あるものも、後に来るものも、力ある者も、高さも、深さも、そのほかのどんな被造物も、私たちの主キリスト・イエスにある神の愛から、私たちを引き離すことはできません。」

（ローマ八・22〜23、37〜39）

注

1　この点で伝統的な神義論は人間の苦痛にだけ目を向けて動物をおざなりにしているという批判を受ける。対照的にジョン・ウェスレーはローマ書八章の「被造物のうめき」（22節）から霊感を得て、「全被造物の解放」（ジョン・ウェスレー標準説教Ⅶ巻）という説教を残している。そこでは特に動物の苦痛と神が全被造物の叫びを同情をもって聞いてくださることを訴えている。

2　John Macquarrie, *The Humility oh God* (Philadelphia: Westminster Press, 1978),4.

第6章　創造された宇宙

「神はお造りになったすべてのものを見られた。見よ。それは非常に良かった。」

（創世記一・31）

聖書が物語る神の物語の舞台は「天と地」、すなわち私たちが住む被造世界である。創世記によれば、被造世界を創造された神はそれを「非常に良い」とされた。これは被造物が神の目的を満たすことができるものであったことを意味する。聖書は遠い彼方の霊的な世界からではなく、まさに地球とその大気から物語を始めている。神ご自身の創造であるこの世界と生物を、聖書は全面的に肯定している。

私たちが住む宇宙を神の被造物と考えること、とりわけ「非常に良い」被造物として考えることは、いくつかの重要な神学的テーマを産み出す。この章では、それらのテーマのうちの二つについて考えることにする。

第一に、宇宙は神の創造であるゆえに、根本的に神の創造の力に依存している。そしてその創造の力はイエス・キリストにおいて啓示されている。宇宙の存在はそれ自身にではなく、宇宙の創造を望んで実行した「全能の父なる神」(使徒信条)に負っている。したがって宇宙は、限りある相対的な、そして完全に依存する存在である。一方、神は、被造物があろうとなかろうと、神であり続ける。神は超越した(英語の transcendent はラテン語の trans「……を越えた」と scandere「登る」から成る語。向こうにある、優ったの意)万物の創造者である。

神がすべての物の創造者であるという宣言は、創世記一章の主要なメッセージである。つまり創造の記事は、神学的な観点から書かれている。創造の記事とお気に入りの科学理論を調和させようとする試みや、あるいは進化論に対抗する武器として創世記を使うことは、この神学的な観点を見のがすことになる。創世記一章は、科学書ではなく、イスラエルに隣接する文化の偶像礼拝に対する神学的反駁である。創世記一章を、古今の様々な宇宙論(起源に関する理論)に対する科学的反駁として使うことは間違っている。古代人の多くにとって、自然の万象はみな神であった。太陽、月、星、光や闇の神々、川、植物、動物および生殖の過程も神とされた。世界は自然神で溢れていた。エジプトやアッシリアでは、支配者もまた神として崇拝された。創世記一章が、第一に意図するところは、いかなる被造物や人間に対する礼拝も否定することである。なぜなら、万物を造られた唯一の神、イスラエルの神、出エジプトの神以外の神はいないからである。創世記一章は、偶像礼拝を戒める物語の形をした説教なのである。

偶像礼拝を否定（イコノクラスム、字義的には偶像の破壊・粉砕の意）するために、創世記一章16節では、特に偶像的な意味を持つ言葉である「太陽」や「月」のかわりに、「大きいほうの光る物」や「小さいほうの光る物」というように「……ほうの……」という相対的表現が用いられている。太陽も月も、礼拝されるべき神ではなく、被造物の一部に過ぎない。そして、前章で見た「海の巨獣」（21節）は、カナンの創造神話では重要な役割を演じるが、創世記一章ではまったくの被造物として描かれている。彼らもまた神が良しとされた被造物に過ぎない。このような隣接する民族の宗教への言及は、創世記の始めの数章にはふんだんに出てくる。創世記一章もまた、創造の出来事の文字通りの記述ではなく、唯一の神、イスラエルの神、万物を創造された神だけがおられることへのイスラエルの確信を明らかにするものなのである。

だから創世記一章は科学情報を提供するために書かれたのではない。その目的はむしろユダヤ民族をつくり上げることにあり、実際そのように機能してきた。特に捕囚時代のユダヤ民族にとって、彼らがそのただ中に暮らす強力な異教国とその文化は、偶像礼拝へののっぴきならない誘惑であった。捕囚のユダヤ民族が礼拝する神、征服されたユダヤ民族の神が、すべてのものの創造者であることを宣言することから創世記が始まっていることは、この誘惑に抵抗するよりどころとなった。また創世記一章における安息日の強調は、毎週安息日を遵守して自分たちの神がどなたであるかを忘れずにいるべきことを思い出させた。このように創世記一章の創造の物語は、ユダヤ民族が神の民イスラエルとして形作られるために大きな貢献をしてきた。今もシナゴーグでその貢献は続いている。

それゆえ科学の教科書として創世記を用いようとすることも、創世記を科学の進歩によって時代遅れになった古代の宇宙論と見ることも、等しく物語の意図を見逃している。創世記は、むしろ、創造者である神に私たちを向かわせる神学的な詩であり、「創造の讃美歌」（H・オートン・ワイレー）である。創世記は、イスラエルの神がいっさいの創造者であることを証しし、神の民イスラエルにその確信を与えるのである。

したがってクリスチャンは、神が創造者であり、すべてのものを支えているお方だと信じると同時に、科学者たちが全力をつくして、どのように、そして、いつ創造のプロセスが行われたのかを発見しようとしていることにも関心を払うべきである。創世記一章への字義的な科学的アプローチの問題点は、聖書が「生命の起源のプロセスの科学的探求」という絶対的な価値をもたない事柄のためにデータを提供していると決めてかかっている点にある。けれども、こういった探求自体は私たちが神のかたちに造られたことの現れであることも知っておこう。これについては次章でもう一度論じる。

近年、進化論はクリスチャンたちの間で大きな論争点となっている。けれども進化論が正しいかどうかは科学が扱う事柄であって、化石やDNAなどといった自然界の観察データによって可能な限り正確に決着するべきである。そのためのデータを聖書に求めるのは間違っている。なぜならそれは聖書の機能ではないからである。ウェスレアン神学の諸教派の多くは、聖書を誤りのない科学や歴史の教科書としてではなく、キリストによる神の救いについての証しとして見る傾向がある。聖書は、「私たちの救いに必要なすべてのことについての神の意志の誤りのない啓示[1]」である（下巻《付録》参照）。

したがって、クリスチャンが進化論について言うことができる唯一のことは、神なき進化論は間違っているということである。ご自分を投げ出す主イエスの愛に現れた神を認めない進化論は間違っている。進化論そのものは、神学的には中立である。進化論が神との決別を意味すると考える科学者は科学から哲学の世界へ入り込んでしまっている。確かにほとんどの進化論者は、自然選択説をとっており、自然のもつ選択機能によって世界は最もよく説明できると信じている。彼らは、宇宙がまったくの偶然と自然淘汰によってできたとする。けれども有神論的進化論、すなわち人間が進化と呼ぶプロセスを通して、神が宇宙を創造し、保たれているという仮説の可能性までもが自動的に除外されるわけではない。

しかし、創世記一章は、進化論であれその他の起源に関する科学理論であれ、それらをサポートするために、使うべきではないことをもう一度強調しておこう。創世記一章を科学書として読むのは、主イエスの良きサマリヤ人の譬えを新聞記事として読むのに似ている。聖書はイスラエルの神、後にイエス・キリストにおいて決定的にご自身を啓示されたお方が宇宙の創造者であり、宇宙を維持されるお方であることを教える。だから聖書は「だれが」創造を行ったかについて述べる。神が創造を「いかに」行ったかについて聖書は触れていない。私たちは科学によってその「いかに」を見つけ出し理解するべきなのである。

創造の教義における第二の重要なテーマは、神がいかなるプロセスを用いて創造を行ったにせよ、造られたものはすべて良かった、ということである。神の創造の手から造りだされた被造世界は、肯定し喜ぶべきものである。聖書はこの世界を楽しむようにと私たちを招く。おいしい食物、星に満ちた空や広がる砂浜、人の顔や身体といった自然の美、妙なる音楽、ネコの毛を撫で、草の上に横たわり、他の人間に触れるときの感触の喜ばしさ、バラや刈ったばかりの草の香りなど。この世界は喜びの世界であり、創造主が「非常に良い」とされた世界である。「神が造られた物はみな良い物で、感謝して受けるとき、捨てるべき物は何一つありません……私たちにすべての物を豊かに与えて楽しませてくださる神……」（Ｉテモテ四・4、六・17）とあるとおりである。

このことは、教会の歴史の中に繰り返し起こってきた運動、神に達するため、あるいは少なくともさらに霊的な段階に達するために、肉体を、感覚を、生の喜びを否定する運動について考えるときに重要である。この世を去って天国へ行くことへの熱狂は、創造に対する聖書の評価を引き下げることになってしまう。聖書の創造の教義、そして「ことば」であるお方の受肉と体のよみがえりの教義は、この世を否定する禁欲主義に対する歯止めとなってきた。二十世紀のユダヤ人哲学者マルティン・ブーバーの感動的な言葉がある。

専有的な……神への愛は、彼が神なのだから、すべての愛を受け取り、包む用意のある包括的な愛である……神はすべて彼の無制約性の中で自己を制約する。神は被造物のために席をあける――このようにして神は、神に向けられた愛の中で、被造物への愛のために席をゆずるのである……創造は神への道に置かれたどんな障碍物でもない。それはこの道自体である。われわれは共々に創造され、そして共に生きるよう定められている。(2)

同様にジョン・ウェスレーは、クリスチャンが「何かを愛するとしたら、それが創造者への愛につながるときです(3)」と書いている。つまり、被造世界に対する神の目的は、そこが神と人とが関係をもつ場となることである。神は被造物を「非常に良い」とされた。そこでは、創造者と私たちが真に響き合う関係を結ぶことができるからである。そこでは、被造物の他者性は神によって肯定され、大切にされる。哲学者たちは、長い間、この世界が「最も良い世界」かどうかを議論してきた。これに対する唯一の適切な答えは「何をもって良いとするかによる」である。もし最も良い世界が、苦痛や、脅威や傷や危険がない「すべての者が満ち足りている」世界であると考えるなら、神が造った世界は最も良い世界とはいえない。けれども、最も良い世界が神の目的に沿った世界であると考えるならば、この世界こそがまさにそれである。すなわち、神と人との真の相互の契約に立った世界、自由とそれに伴うリスクを併せ持ち、苦闘と痛みとそこから生じる成長が存在する世界である。

注

1　*Manual of the Church of the Nazarene*(Kansas City: Nazarene Publishing House, 1989),30. また、参照として Michael Lodahl, *All Things Necessary to Our Salvation: The Hermeneutical and Theological Implications of the Article on the Holy Scriptures in the Manual of the Church of the Nazarene* (San Diego: Point Loma Press,2004)

2　Martin Buber, *Between Man and Man*(New York: Macmillan Co.,1965),51-32. 邦訳、「単独者への問い」『ブーバー著作集2・対話的原理Ⅱ』佐藤吉昭・令子訳、みすず書房、一九六八年、二七〜二八頁。

3　John Wesley, *A Plain Account of Christian Perfection* (Kansas City: Beacon Hill Press of Kansas City, 1966, 以後 *Plain Account* と表記),13. 邦訳、『キリスト者の完全』藤本満訳、イムマヌエル綜合伝道団、二〇〇六年、二五頁。

第7章　神のかたちである人間

「これはアダムの歴史の記録である。神は人を創造されたとき、神に似せて彼を造られ、男と女とに彼らを創造された。彼らが創造された日に、神は彼らを祝福して、その名を人（アダム）と呼ばれた。」（創世記五・1～2）

「あなたの指のわざである天を見、あなたが整えられた月や星を見ますのに、人とは、何者なのでしょう。あなたがこれを心に留められるとは。人の子とは、何者なのでしょう。あなたがこれを顧みられるとは。」（詩篇八・3～4）

人とは何か。人であるということは何を意味するのか。これらは、人間が発する質問のうちで最も興味深く神秘的なものである。というのは、この問いを発する時、人は自分自身に向きあっているからである。実はここに、この問いへの回答の糸口がある。人間は、自らについて問うことができる生き物である。人間が神の造られた生き物の中でユニークなのは「私はだれだろう。私とは何だろう」と問うことができるからである。

この問いに対する聖書の回答は単純なものではないが、ここでは神学的人間論のいくつかの特徴を見ることにしたい。これらの特徴は、世界を救おうとなさる神の物語の観点から、旧約聖書を読むときに明らかになる。

創世記が人の起源の厳密な科学的な説明だと考えることは、聖書の意図にはないことを読み込むことであるとすでに警告した。例えば、創世記一章は単に神が、男と女に、神のかたちに人を造ったと言う（一・26～27）。神が人をいかにして造ったかには、聖書は触れていない。けれども人間の創造が、他の陸の生き物と同じ日、第六日に起こっていることは重要である。人間専用の創造の日や時間はなかった。人間は神が造られた被造物の仲間なのである。

それでもやはり人間は神の前にユニークな場所を占めている。だから神が人間に話しかけるとき、創造物語は大きな展開を見せる。神は男と女に話しかけて、彼らに地を支配する権限とそれに伴う責任を与えた。詩篇八篇の作者は「人とは何か」という自ら投げかけた質問に対して答えている。

「あなたは、人を、神よりいくらか劣るものとし、これに栄光と誉れの冠をかぶらせました。
あなたの御手の多くのわざを人に治めさせ、万物を彼の足の下に置かれました。」（八・5、6）

ここに、人間が神のかたちに造られたことの根本的な意味がある。人間は神に呼びかけられ、その呼びかけによって神との関係と神に対する責任を与えられ、神に応答することができる存在とされた。こうして人間は、人間自身の意思のこもった言葉で神に返答して、この壮大な神の物語に参加する。創造物語によれば、神のかたちに人間を造るということは、神にとって大きなリスクを伴うことであった。なぜなら神は私たちを神の像に、神の栄光と愛をあらわすために、そして地上において神を代理するものとして造ったからである。

ジョン・ウェスレーは、この聖書的な人間観に立って、神が人間を創造したのは「存在し、愛する」ためであると書いた。「存在する」は、字義通りには「立つ」と言う意味であり、そこには分離し、独立した存在であるという含意がある。ウェスレーは、神が私たちを操り人形として造ったのではないことを示唆する。人であることのパラドックスは、私たちが存在の瞬間ごとに神に完全に依存しているにもかかわらず、神が私たちを支えて、その瞬間ごとに選択をすることができる応答可能な存在として「立たせて」いることである。実は、ウェスレーの公式の最初の半分の「存在する」がなければ、後半の「愛する」ことは不可能である。なぜなら愛するためには、その愛の対象が神であるにせよ隣人であるにせよ、愛の対象とは別の人格として「立つ」ことが必要だからである。愛するという神と隣人との関係は、存在に伴う選択と責任の強い自覚なしにはありえない。

このように私たちは神に対して応答し責任を負うことができる存在であり、まさしくそのために神のかたちに造られたのである。それは同時に私たち人間どうしが互いに応答し責任を負い合う存在であることを示す。この章の始めで、私たちが自分自身について問う能力について触れたが、この能力は創造者が私たちに問い、また私たちがお互いに問い合うことから生じる。人間という「神のかたちに、神にかたどって」造られた神秘的な存在は、探され、呼びかけられ、責任を負わされている。同時に人間は自分からも、神に、隣人に、そして自分自身に問い、呼びかけ、責任を求めることができる存在なのである。

また、神は「人が、ひとりでいるのは良くない」（創世記二・18）と考えて、他の生き物を造って人のところに連れて来て「それにどんな名を彼がつけるかを見」「人が生き物につける名はみな、それがその名となった」(19節)とある。神は他の生き物に名前をつけることを人間の理性、言語、工夫に委ね、途中で手出しをなさらなかった。人間は神が造った他の生き物に自由に名前をつけることを任され、神の創造された世界を探求し、世界を自分の言葉で表現した。クルアーン(コーラン)の創造の記事と比較するとその隔たりの大きさに気づかされる。コーランでは神が人間にすべてのものの正しい名前を教えたとある。

神の物語の中で人間の占める役割は重要である。人間は地と同じく物質であり、この世界を構成しているのと同じ元素からできていて、すぐにちりにもどる。そして私たちの生命は、生命を与える神の臨在に依存している。その一方で、私たちは言葉を通して被造世界を表現して名前をつける任務を神から委ねられた。聖書によれば、私たちは風に吹かれるちり、神の生ける霊の風に吹かれるちりである。そうでありながら私たちは他の被造物を理解し、ケアすることを委ねられているのである。これが神の物語が語る人間観の最初のものである。人間は限りある生き物である。それでも神は数ある生き物の中で人間に近づき人間に会って、霊を吹きこむことを喜ばれた。神は人間には特別に親しく息を吹きこまれる。それは他の被造物が持ち得ない、少なくとも同じ程度には持ち得ない関係を人間と持つためである。私たちはちりからできた限りある生き物であるが、神が相互の契約関係を持つことを願われるのは、この人間のことなのである。私たちは、被造物のうちで最も明瞭に神に応え、神の質問に答えることができる生き物である。神の物語の冒頭において、神が人間に話しかけるときにはいつも、質問の形をとるように見えるのは偶然であろうか。最初は最も重大な質問、「あなたは、どこにいるのか」（創世記三・9）であった。その後まもなく、「あなたの弟アベルは、どこにいるのか」（四・9）という質問が続く。これだけではなく、私たちから反応と応答を引き出したいという神の願いを示す多くの箇所がある。

同様に、神は私たちの応答を引き出す質問を発するとき、私たちが神に対して質問することを期待している。預言書と詩篇は、聖書の中でも特に質問に満ちている。

「主よ。なぜ、あなたは遠く離れてお立ちなのですか。苦しみのときに、なぜ、身を隠されるのですか。」（詩篇一〇・1）

「主よ。いつまでですか。あなたは私を永久にお忘れになるのですか。いつまで御顔を私からお隠しになるのですか。」（詩篇一三・1）

そしてその最たるものは、もちろん十字架の上でイエスが引用された詩篇作者の悲しい叫びである。

「わが神、わが神。どうして、私をお見捨てになったのですか。遠く離れて私をお救いにならないのですか。私のうめきのことばにも。わが神。昼、私は呼びます。しかし、あなたはお答えになりません。夜も、私は黙っていられません。」（詩篇二二・1～2）

このように聖書は、悲しみと苦悩の中にあって、神が現在進行形の会話をするために私たちを造ったと教えている。神は私たちを呼ぶが、それは私たちが神を呼ぶように招くためである。神は私たちを探すが、それだけではなく私たちが神を探す自由を許し励ます。十字架の主イエスのように詩篇の作者と共に神に悲しみの叫びをあげ、ヤコブのように神と格闘し、アブラハムと共に神に挑戦することさえも許し励ますのである。「あなたはほんとうに、正しい者を、悪い者といっしょに滅ぼし尽くされるのですか……あなたがなさるはずがありません。とてもありえないことです。全世界をさばくお方は、公義を行うべきではありませんか」

(創世記一八・23、25)。神のかたちに造られることとは、神から語りかけられることであり、逆に神に語りかけること、さらに神に質問をすることでさえある。神は、われわれに質問を許すことができないほどひ弱ではない。神学的な質問も、もちろん許される。ユダヤ教は、この神との格闘を重要なものとみなして奨励する。イスラエルという語の本質的な意味も、「神と格闘する者」である。クリスチャンは、イエスのゲッセマネでの祈りにこのことの著しい例を見ることができる。手強い質問をすることは、他の人とであれ神とであれ、率直な関係を築くために欠くことができないのである。

けれどもなお、聖書における主たる質問者は明らかに神であり、私たちはその質問に答える側、責任を問われる側である。しかし、私たちは何に対して責任を問われているのだろうか。創世記の物語は、私たちには神との関係に対して責任があることを(「あなたはどこにいるのか」三・9)、そして他の人間との関係に対して互いに責任があることを(「あなたの兄弟アベルはどこにいるのか」四・9)、そして私たち以外の被造世界との関係に対しても責任があることを示唆する。私たちの責任のこの第三の側面については、もう少し述べておく価値がある。

なぜなら、神のかたちに造られたこととの大切な責任の一つは、神との関係、他の人間との関係に並んで、「地を満たせ。地を従えよ。海の魚、空の鳥、地をはうすべての生き物を支配せよ」（創世記一・28）という命令を果たすことであるからだ。この箇所を取り上げて、聖書は人間が地球の資源を自分だけのために浪費することを支持しているとして、論難する向きもある。そのように論じる人々は、近年の環境破壊による危機的状況は、キリスト教の歴史を通して培われてきた西洋の科学的精神にその原因を持つと言う。この議論の正当性は疑わしく、最近では特に激しい反発を招いている。この議論の問題は、何よりも聖書を歪曲して用いていることにある。創世記は地球に対する、強欲で浪費的なふるまいを決して勧めてはいない。私たちは地球に仕え、いたわり、神の代理として、創造者の被造物に対する愛を注ぐべきである。私たちは、いかに地球に仕えるかという、神に対する責任を負っているからである。

同時に神は、被造世界に対するすばらしい、また恐るべき自由を私たちに下さっている。先に述べたように、私たちは話す能力をもっており、この能力は創造的（潜在的には「破壊的」でもあるが）なものである。この能力は、創世記二章で人間が動物に名前をつける物語において絵画的に表現されている。古代のヘブライにおける名前と名づけることの重要性を考えるなら、この物語の意味深さがわかる。神は人に名前をつける力、すなわち被造物に意味を与える力をお授けになった。善なる神は寛容にも、人にカオスを征服し、神の善なる被造物に秩序をもたらす能力をお授けになった。これが、へりくだってご自分の力を分け与えてくださる「……あれ」の力であり、私たちはこのお方に似せて造られたのである。

あなたがこれを読んでいる間にも、科学者たちは、神の壮大で多様な被造世界の中で新種を発見しては名前をつけている。また地球とは異なる世界とそこに住む異なる種類の生物を発見するという夢を持っている者たちもいる。人は自分とまわりの世界について発見し、学び、理解し、無知と恐怖のカオスを知識と理解の秩序で克服するという飽くことを知らない渇きをもっている。創世記はこの衝動が神の召しから生じると教える。それは、神のかたちに造られた者として生き、ますます神のかたちを目指して生きるという召しである。

■第二部（第5章～第7章）ディスカッション・リーダーのためのガイド

パウロはコリント教会に書き送って言う。

「……神のかたちであるキリストの栄光にかかわる福音の光……私たちは自分自身を宣べ伝えるのではなく、主なるキリスト・イエスを宣べ伝えます。私たち自身は、イエスのために、あなたがたに仕えるしもべなのです。『光が、やみの中から輝き出よ』と言われた神は、私たちの心を照らし、キリストの御顔にある神の栄光を知る知識を輝かせてくださったのです。」（Ⅱコリント四・4～6）

ここでは創造の教理が、キリストの教理（キリスト論）に出会っている。「キリストの御顔に」啓示された神の光と、神が天地の創造において造りだした光（創世記一・3）の間の重要な関係について話し合おう。それが第5章の中心テーマである。創造の教理をキリスト論の光によって考えてみよう。

〈ディスカッションのための設問〉

1　神がすべてのものの創造者であるという聖書の教えと、科学的知識との関係をどう考えたらよいだろうか？　例えば、創造論は進化論と両立するだろうか？　もしそうなら、なぜ？　あるいはそうでないなら、なぜそうでないのか？

2　被造物はいかなる意味で「よい」ものなのだろうか？　あなたの知っているクリスチャンたちは、被造物に肯定的な評価をしているだろうか？

3　罪は、よい被造物をどこまで損ねてしまっただろうか？　あるいは完全に破壊してしまったのだろうか？

4　このスタディ・ガイドを執筆中にハイチを大きな地震が襲い、多くの方々が犠牲になった。ハイチはこれまでも長い間、貧困と飢餓、資源の不足に苦しんできた。クリスチャンはこういったことをどのように理解すればよいのだろうか？

第三部
神の物語の悲劇——罪の教理

創造と人間の教理から、罪の教理、あるいはhamartiology（ギリシャ語のhamartiaは的を外すの意）に移ることにしよう。この分野については、すでに本書第5章で少し考えた。そこでは、悪の問題と取り組むときに、いわゆる「自由意志による弁明」が解決に大いに役立つことを示唆した。自由意志による弁明は、世界の問題のほとんどが人間による自由の誤用の結果だとする。この弁明が含意するところは、神は喜んで私たちに自由を与えるということである。神は自由がもたらすリスクを覚悟の上で、喜んでそうする。なぜなら、神との関係と隣人との関係が本物の関係であるためには、この自由な選択能力は欠くことができないからである。

自由意志による弁明は神義論、すなわちいかなる悲惨の中にあっても神が善であることを主張することには有効だが、決して人間の利己性を弁護するためのものではない。逆に、この世界の問題は、神の責任ではなく人間の責任であることを主張する。けれども自由意志による弁明は、人の罪の深い闇を明らかにすることはしない。なぜそもそも罪が世界にあるのか、という点には踏み込まないからである。

現代の哲学者たちの中には、自由意志による弁明によるのでは、善なる神への信仰を維持することができないとする者もいる。「もしこの世界の悪が、神の与えた自由の結果なら、神は、常に善を選び続ける人間をつくることができなかったのか」というのが、そのような哲学者の疑問である。しかし、この議論は、自己矛盾の泥沼に陥っている。いったい、善しか選択する余地がない自由というものがあるだろうか。また、仮に善や愛の中にいくつかの選択肢があるとしたら、より少ない程度の善や愛を選んだり、さらには善や愛を投げ捨てるという選択肢もまたあるはずではないか。どんな選択であっても、実際に選択可能な選択肢があってこその選択なのである。神に造られた存在が、神と響き合う本当の関係をもつためには、反抗という罪の可能性というリスクを避けることは、やはりできないのではないだろうか。

こうした疑問の数々を完全に解明することは、結局は不可能だろう。それは人間の罪が恐ろしいまでに深いからである。聖なる愛である神は、人間の選択と応答に基づく真の関係を産み出すことに賭ける。その結果として、神が人間の罪の可能性を進んで作り出すことになるというのは皮肉なことである。憎悪、ねたみ、猜疑心から始まって、レイプ、殺人、拷問、そして戦争とそのために作り出された、尖った石から核兵器にいたるまでの人殺しの道具が産み出される可能性を作り出したのは神なのだ。神がお与えになる自由の不可思議さがここにある。自由はこれほどのコストを要求する。神に対しても。人に対しても。

あなたは、こんな自由など無かった方がよかったと思うだろうか？

第8章　人間の責任と罪

神の大いなる物語は、善なる創造者による善なる被造物の創造によって始まるが、あまりにも早く人の罪によって妨げられてしまった。その結果、エデンの園に象徴される被造世界の統一性と調和は破壊され、分断されてしまった。罪は神の善なる目的への侵入者、妨害者、干渉者である。

聖書によれば人間の不服従は悲劇である。なぜならそれは罪人本人だけでなく、他の人々にも、そして最終的には被造世界全体に破壊的な結果をもたらすからである。ここまで繰り返し述べてきたように、不服従の可能性が実際に存在することは、本物の責任（response-abilityすなわち応答能力）が育つために必要である。けれども聖書は、人の自由の避けられない結果として罪を容認することはしない。罪は神の意図の誤用であり被造物の悪用だからである。

創世記三章の人の堕落の物語は、単なるはるか昔の出来事の説明ではない。最初の人間の罪の物語は、私たち自身の経験にも訴える。私たちもまた善悪を知り、誘惑に抵抗し、あるいは神の意志に反抗し、また自分を正当化したり、他人に責任転嫁したりしながら生きている。私たちは、園の中の罪人である。実はアダムという名は「人類」という意味である。だからアダムの堕落について読むことは、私たち自身の堕落について読むことである。創世記三章の堕落の物語は、「あなたの、そしてわたしの物語[1]」である。これを私たちの最初の祖先であるカップルだけの物語とすることは、私たちの罪の問題を他人に押しつけて、私たちにはまったく責任がなく、彼らに全部の責任があるとすることになる。このような他者への押しつけそのものが、罪の現れである。なぜなら、罪はしばしば、自分の行動に対する責任の放棄を含むからである。私たちは堕落の物語はすべて「アダムの責任」であると聞かされてきた。だから神の善なる意志への不服従が、私たち人間には常に現実の可能性であることを忘れがちである。罪は常に選択をし続ける私たち人間にとって、いつもすぐ近くにある可能性である。仮に私たちの最初の両親が罪を犯さなかったとしても、その子孫である私たちが誰一人として罪を犯さないといったことを想像することは不可能である。罪は、選択をし続けなければならない生き物にとってあまりにも身近なものである。そして、いったん罪の「ドミノ効果」が始まれば、それを止めることは容易ではない。

だから創世記三章は私たちすべてを代表している。ある意味でアダムとエバにおいて「全人類が罪を犯した」（ローマ五・12）のである。だからこの堕落の物語は、人間の罪とその影響に対して重要な光を投げかけることになる。以下では、この「あなたの、そしてわたしの物語」の中で罪の性質についていくつかの重要な真理を取り上げる。

第一に、罪の原因は創造者から被造物へと注意を移すことにある。創世記の物語を注意深く読んでみよう。「神である主が造られたあらゆる野の獣のうちで、蛇が一番狡猾であった」とあるヘビが、エバ（「生きている」、または「命」の意）に近づいて、神は何を命じたのかと質問した。クリスチャンは伝統的に、すぐにヘビを悪魔に読み換えようとするが、聖書はヘビを完全に被造物の一つとみなしている（三・1、14）。もし被造物のすべてが「非常に良かった」のなら（一・31）、どこからこの悪賢い誘惑者は出現したのだろうか。

この物語が語るのは誘惑と罪の本質である。ヘビは神の被造物であるが、このことは、人間がしばしば被造世界の何かを神としてしまう傾向を表している。エバは、ヘビの創造者よりも、ヘビに注意を払った。神のよき被造物の美、官能性、魅力（三・6）には危険が伴う。それは偶像礼拝、すなわちそれらを造った神を忘れて、被造物のもたらす喜びと祝福に愛情を注いでしまう危険である。「何かを愛するとしたら、それが創造者への愛につながるときです[2]」と、ジョン・ウェスレーは書いた。クリスチャンたちにとって、すべての被造物は、本来は神への愛を励ますために存在する。けれども私たちは、善なる被造物を、貪欲で自己中心な、神を知らないやり方で浪費することへの誘惑についてもよく知っている。使徒パウロは人間の罪への堕落についてこう書いている。人は「不滅の神の御栄えを、滅ぶべき人間や、鳥、獣、はうもののかたちに似た物と代えてしまいました……それは、彼らが神の真理を偽りと取り代え、造り主の代わりに造られた物を拝み、これに仕えたからです」（ローマ一・23〜25）。もし異教徒の偶像礼拝が単なる動物の像の崇拝だと考えるなら、私たちは創世記とパウロの双方の要点を捉えそこなう。私たちが衝動に駆られ自己を満足させるために、神の善なる被造物に忠誠や献身、愛を献げるときに、いつでも偶像礼拝は起こり得るからである。例えば性、食物、愛する人々なども偶像になり得るのである。

第二に罪は、神の主権に対して自己の主権をもって挑戦することである。神は宇宙を創造し、支えておられる。私たちは単なる被造物にすぎない。けれども偶像礼拝は、あたかも私たち自身が宇宙の中心であるかのようにふるまって被造物を追い求めることである。それによって、私たちより不運な人々は、彼らの当然の必要さえも奪われてしまう。偶像礼拝、すなわち被造物を礼拝することは、自らの外側に礼拝対象を求めることであると同時に、自らの内側に向かい自らを礼拝することでもある。宗教改革者マルティン・ルターによれば、罪は「自分自身の上に刻み込まれた自分」である。これはエバが禁じられた果物を食べた様子を実に適切に描写している。けれども罪は、いつもそれほどあからさまに自分に執着し自分に仕えるとは限らない。フェミニスト神学者たちはこう警告する。人間が他の人間に、自分の個性や権威、責任を明け渡して手放してしまうとき、罪がこの人間関係を支配する。この場合、罪は自分中心というよりも自分を犠牲にするという形で現れる。けれどこの二つはどちらも偶像礼拝である。いずれの場合にも私たちは自分を神に委ねていないからである。神こそ私たちを愛する創造者であり、私たちにとって最高に善であるお方、私たちにとって最高に良いことを知っておられる方であるにもかかわらず。

第三に、罪は、実に素早くその影響を人間の社会に広げる。私たちはひとりではない。池に投げられた石が、水面に波紋を作り出すように、私たちが思うことや言うこと、することが、私たちから流れ出て私たちの回りに影響（英語の influence は字義的には flow into「流れ込む」の意）

する。それは人間が相互に関係しているからである。私たちは互いに互いのアダムでありエバなのである。

それゆえ聖書は私たちが互いに対して持っている影響力を実際より低く評価することがないようにと警告する。不幸なことに、罪は性行為を通して遺伝するという聖アウグスティヌスのアイデアはあまりにも大きな影響をキリスト教に与えてきた。本当はこのアイデアはまったく取り上げられない方がよかった。聖書そのものは、罪が人間と人間の関係を通して広がることを教えているのであり、それは性とはまったく無関係である。「それで女はその実を取って食べ、いっしょにいた夫にも与えたので、夫も食べた」（三・6）とある通りである。確かに私たちもまた、神との関係、隣人との関係を損なう罪の力を受け取り、多くの人へまた次の世代へ中継する通路となっているのである。

第四に罪は、関係の破綻とその破綻を隠そうとする行為を含む。アダムとエバの目が開かれたとき、彼らは自分たちが裸であることに気づいただけでなく、裸を恥じた。罪が侵入する前には、彼らは「ふたりとも裸であったが、互いに恥ずかしいと思わなかった」（二・25）のに。彼らが互いに裸であることを恥じなかったことは、あざむきや不正直によって曇らされていない関係の開放性を示している。またその関係が損なわれやすい繊細なものであることも。罪を犯す前には透明な関係があった。罪を犯したことによってその関係は損ねられた。その後には、罪の恥を隠すために自分自身と相手を欺くようになって、さらに関係は損ねられる（三・7）。

もちろん罪の結果は、私たちが互いから隠れることだけではない。もっと重大な結果は、私たちを愛し捜し求める神から隠れてしまうことである。けれども創世記にはすでに、福音の響きが鳴り響いている。神は「人に呼びかけて」とある。この呼びかけは、私たち一人ひとりに今も続いている。次いで神は、「あなたはどこにいるのか」と言われた（三・9）。この神の質問に答えるのは簡単なことではない。なぜなら答えることは私たちの罪と恥を隠れ場所からあらわにし、神の目にさらすことだからである。ヨハネはいみじくも神に探られることを拒否する者たちについて言っている。「悪いことをする者は光を憎み、その行いが明るみに出されることを恐れて、光のほうに来ない」（ヨハネ三・20）。

罪の第五の結果は、取るべき責任の拒否である。アダムは木の後からこそこそ出て来たときに、罪の責任を他になすりつけようとした。「あなたが私のそばに置かれたこの女（神よ、あなたのせいです!)が、あの木から取って私にくれたので(この女のせいです!)、私は食べたのです」(創世記三・12)。もちろん責任の転嫁は、ここで終わらない。女もまた、スケープゴートを見つける。「蛇が私を惑わしたのです。(わたしのせいではありません。わたしは無実で、犠牲者にすぎません!)それで私は食べたのです」(三・13)。

ここでは人間が他の人の罪の犠牲者となることがあり得ないと言っているのではない。そのような犠牲者はあふれている。中には他者以上に犠牲になることが多い者もいる。確かに原罪の教義には、私たちがみな犠牲者であること、祖先と同時代の罪と狼藉《ろうぜき》の犠牲者であるという含みがある。そうであっても聖書は決して、自分自身と自分の行為に対する責任から私たちを解き放つことはしない。私たち一人ひとりに、エデンでの質問が発せられている。「あなたは、いったいなんということをしたのか」(三・13)。罪は私たちをあざむいて、私たちの責任を他のだれか、あるいは他の何かへ転嫁させようとする。両親や環境、トラウマ、過去の悲劇あるいは悪魔に。

最後に、罪は私たちの持つすべての関係を破壊する。私たちの不服従によって歪められるのは、神と私たちの関係だけではない。すでに見たように、罪は他の人間との関係にも疎外をもたらす。アダムとエバは互いに隠し合い、アダムはエバを非難し、カインは兄弟のアベルを妬んでついに殺した。さらにこれらの罪に対する神の審きを見るなら、罪が地球環境に離反と破壊をもたらすものであることがわかる。15節のヘビと女の間の憎しみは、人間と環境との対立関係を表している。環境は人間自身の姿を写しだす。アダムとエバがかたくなになるにつれて、地球もかたくなになった（三・17、19）。彼らの互いの関係の中にも、創造時のパートナーシップ（一・27、二・22～25）とは異なる階層的な支配と敵意（三・16）が入りこんだ。こうして神との関係、互いの関係、自然環境との関係は残らず人の罪の影響を受けるのである。

願わくは、このような創世記三章の理解が旧約聖書の物語のもつ豊かな神学的含蓄をひもとくことに役立つように。以上の考察はごく大ざっぱなものにすぎない。それでも聖書において物語と神学が紡ぎあわされるときに、私たち自身や私たちの誘惑と罪、そして決して私たちを見放さないで捜し求める神の臨在と恵みについての大切な真実が明らかになることを見て取ることができるだろう。

注

1　創世記三章に対するこのタイトルは、一九七七年にロブ・ステープルス博士がカンサス・シティーのナザレン神学校で行った講義からヒントを得ている。

2　Wesley, *Plain Account*, 13. 邦訳は『キリスト者の完全』、二五頁（藤本満訳）。

第9章　罪、そして人類の一体性

聖書のオープニングの物語は、人間が相互に深く結び合わされた存在であることを教える。「何人も孤立した島ではない」と、詩人ジョン・ダンは言ったが、創世記もこれを裏付ける。「人が、ひとりでいるのは良くない」と創造者ご自身が言っている（創世記二・18）。ここに人間の持つ社会性が強調されている。私たちは、言葉によって、思いによって、行いによって、そして存在そのものによって、互いに影響を及ぼし合う。キリスト教の原罪の教義の土台にあるのは、この互いの連帯性である。

前章では、罪の力が私たちと神の関係、私たちと隣人の関係、そして私たちと被造世界との関係を歪め、ついには破壊してしまうことを見た。神は私たちを、他との関係をもつ社会的な存在として、神と隣人と関係を持つために造られた。皮肉なことにこの社会性ゆえに、罪はその力を行使することができる。そして、罪は私たちの存在そのものの歪みである。なぜなら、罪とは人間が神とのあるべき関係を拒否して偶像に向かっている状態のことであって、私たちが真に生きるために必要な神とのこの関係を毒することだからである。神との関係を毒することは、私たちと関係をもつ人々をも毒することである。パウロがこう書いているのも不思議ではない。「そういうわけで、ちょうどひとりの人によって罪が世界に入り、罪によって死が入り、こうして死が全人類に広がったのと同様に、――それというのも全人類が罪を犯したからです」（ローマ五・12）、「すなわち、ちょうどひとりの人の不従順によって多くの人が罪人とされたのと同様に、ひとりの従順によって多くの人が義人とされるのです」（19節）。なぜなら、人間のあらゆる行為、言葉、思い、そして気分さえも他者から孤立しては起こらないからである。

カインとアベルの物語（創世記四章）において述べられているのも、罪の持つこの他者との関係性である。私たちはこの物語に、人間の最も生々しい感情を見る。兄弟間の競争が嫉妬に、嫉妬が憎しみに、憎しみが暴力と殺人へと変わり、そして高慢ないっさいの否認へと続く。カインとアベルは兄弟であり血縁である。けれども、血縁であることは罪が成長するのを防がない。実際には、血縁は罪の広がりを助長することもある。

私はかつてエルサレムで、ユダヤ人学者、ピンハス・ペリの講演を聞いたことがある。彼は、いかにしてホロコーストのような残虐が起こり得るかを理解するためにこの聖書の物語を用いた。ペリは言った。「カインは、神から与えられた自由意志を使った。そして人類の四分の一を抹殺した。神が傍観して何もしなかった間に」。

ペリは、神が手遅れになった後で殺人現場に到着し、手の施しようがなくなっているのに「あなたの弟アベルは、どこにいるのか」という質問をしてカインを怒らせたと言う（四・9）。アベルの死の後でそんな質問をするぐらいなら、神は殺人が犯される前にカインの行為をとどめる言葉や行動を発することができなかったのか。ペリの思考は、この箇所についてのラビたちの伝統的な解釈にのっとっている。それはカインのこのような言葉を仮定するものである。「神よ、あなたは全能でしょう。あなたはここに来て、私にアベルがどこにいるかと尋ねます。けれども、あなたは私がこの恐ろしいことをする前に、私を止めることができたはずでしょう。私が私自身の兄弟を殺したときに、あなたはどこにいましたか。あなたは私を止めることができたはずなのに。でも、あなたは指一本動かさなかったのです。だから、アベルが死んだことは、あなたの責任です」。

私たちも、このような思いに同調したいと思うことがある。自由をもつことは、恐ろしいことでもある。だから、もし神という独裁者に私たちの自由を譲り渡すことができるならば、それはある意味で望ましいとも言える。私たちの選択が失敗し、苦痛をもたらすとき、私たちは誰か他の者を非難したいと思う。ホロコーストのような恐るべき出来事は神にとって、カインのケースではしなかったことをするために、完璧な舞台であったはずである。神には、そこに踏みこんで意味がない流血を阻止することができたはずだからだ。

しかしながらラビたちは、物語の前半分を見のがしている。そこでは、神は実際に現場に踏みこんでいる。けれども神は介入するときにも、カインの道徳的な能力を侵害せず、彼の自由を否定することもしない。神はやさしく、けれども飽くことなく、質問し続けることによってカインを探る。「そこで、主は、カインに仰せられた。『なぜ、あなたは憤っているのか。なぜ、顔を伏せているのか。あなたが正しく行ったのであれば、受け入れられる。ただし、あなたが正しく行っていないのなら、罪は戸口で待ち伏せして、あなたを恋い慕っている』」（四・6〜7）。神は、人間に応答能力を与え、それを用いることを励ますお方であって、カインの殺意を無理矢理取り除くことはしない。神はカインに話しかけ、カインがその力を、より破壊的でない、異なる方法で使うように誘う。神はカインとともにおられ、カインにささやきかけ、カインに問いかけ、カインを憎しみと殺人から遠ざけるように招く。しかし、神はカインに強制しない。それゆえに流血の惨事をもお止めにならない。

兄が弟にふるった暴力に、キリスト教が原罪と呼ぶもののもう一つの側面を見ることができる。それは、神に信頼することを拒否し、かわりに私たち自身を世界の中心、また支配者とすることである。憎悪の衝動に降参しないで、それを「治め」(四・7)、そして門口で待ち伏せる罪を避けよ、と神は説いた。カインは殺人以外の選択をすることができただろうか。キリスト教はもちろんカインにはそうすることができたと考える。そうでなければ、カインは殺人の責任を問われ得ない。その一方でキリスト教は、いったん罪(神から偶像への方向転換としての罪)が世界に入った後は、そのためにある傾向が働くことも認める。カインには責任がある。けれどもカインの行為は、競争、嫉妬、不信、敵意がすでに人間関係の中に入りこんだ世界で起こっている。神は聖なる臨在をもってカインに臨み、増大していくアベルに対する敵意に対抗することを選ぶよう説得をしておられたけれども、カインの行為を阻止するために強制力をお用いになることはなかった。なぜなら神は、人間の自由な応答を尊重して真の関係を保とうとなさるからである。

それゆえ二世紀の偉大な神学者エイレナイオスは、罪が暴力的ともいえる貪欲ぶりで私たちを圧制のもとに置くにもかかわらず、神は力によって被造物を贖うことを拒否すると言う。かわりに神が私たちを贖うのは「説得によってである。神にとってはお望みになることを力によってではなく優しさによって実現なさることがふさわしいからだ」と。これが神にふさわしい理由は、自らを与える愛という神の性質にふさわしいからである。エイレナイオスは続いて述べる。「それゆえ神は犯された法を捨てることもなさらなかったし、原初の被造物を滅ぼすこともなさらなかった」。エイレナイオスのいう「原初の被造物」には人間の自由と責任が含まれている。創造におけるこの神の意志を、後から変更して被造物を完全に服従させることはフェアではない。神がもし、それでも人間から自由と責任を取り上げるようなことをなさるなら、そのとき被造物は滅びることになるとエイレナイオスは考えた。言うまでもなく滅びるならば贖われることはない。だから神は「説得によって」贖うことをお選びになる。(1) 同様に他の二世紀の著作家も神は「人を説得によって救おうとされる。強制ではない。神は強制を好まれないからだ(2)」と書いている。

ジョン・ウェスレーも初代教会の伝統に共感していた。同時にウェスレーは人間のうちに働く原罪の力が強力であることを知っていたから、私たちに働きかける聖霊なる神ご自身（すなわち先行的恩恵）だけが私たちを罪の力に立ち向かわせることができると信じていた。もちろんこの聖霊の働きさえも私たちに信仰と服従を強制するのではない。神はカインの自由を侵すことはなさらないで、その自由を用いて善を選ぶようにと招かれた。ペリが私を含む聴衆に「人類の四分の一が一撃で殺されたときに、神はどこにいたのか」と尋ねたが、答えはただ一つである。神はまさしくカインとともにおられ、カインが死ではなく命を選ぶようにカインを説得し続けておられたのである。

聖書も神学も、神はすべての人と共にいつも、どこにでもおられ、すべての人を招いて神の愛と義といのちに引き寄せておられると言う。けれども私たちには神の声を聞き、聖霊に心を開くことが難しくなってしまっている。それは、まさしくカインがそうであったように、神の恵みのささやきを拒絶し続けて来た結果である。人類の歴史においても、個人個人の生活においてもこの拒絶は集積されてきた。時の経過にしたがって雪だるま式にふくらみ、人類全体の良心に入りこんできた、この歴史的傾向こそが原罪である。私たち全員がこの原罪に染まっているという事実こそが、人類の一体性を証明している。好むと好まざるとにかかわらず、私たちの生は互いに絡み合い、その中で一人の罪は他の人を通して人類全体に破壊的な影響を及ぼす。それはまるで、池に投げ込まれた小石の波紋が広がるようである。

だから罪とは、神が与えてくださった自由の乱用である。私たちはキリストにあって自由

郵便はがき

恐縮ですが
切手を
お貼りください

113 - 0033

東京都文京区本郷 4-1-1-5F

株式会社ヨベル YOBEL Inc. 行

ご住所・ご氏名等ご記入の上ご投函ください。

ご氏名：　　　　　　　　　　　　（　　　歳）
ご職業：
所属団体名（会社、学校等）：
ご住所：（〒　　　-　　　　）

電話（または携帯電話）：　　　　（　　　　　）
e-mail：

表面に ご住所・ご氏名等ご記入の上ご投函ください。

●今回お買い上げいただいた本の書名をご記入ください。
書名：

●この本を何でお知りになりましたか？
1. 新聞広告（　　　）2. 雑誌広告（　　　）3. 書評（　　　）
4. 書店で見て（　　　書店）5. 知人・友人等に薦められて
6. Facebook や小社ホームページ等を見て（　　　）
●ご購読ありがとうございます。
ご意見、ご感想などございましたらお書きくださればさいわいです。
また、読んでみたいジャンルや書いていただきたい著者の方のお名前。

・新刊やイベントをご案内するヨベル・ニュースレター（E メール配信・不定期）をご希望の方にはお送りいたします。
（配信を希望する／希望しない）

・よろしければご関心のジャンルをお知らせください
（哲学・思想／宗教／心理／社会科学／社会ノンフィクション／教育／歴史／文学／自然科学／芸術／生活／語学／その他（　　　）

・小社へのご要望等ございましたらコメントをお願いします。

自費出版の手引き「**本を出版したい方へ**」を差し上げております。
興味のある方は送付させていただきます。
資料「**本を出版したい方へ**」が（必要　　必要ない）

見積（無料）など本造りに関するご相談を承っております。お気軽にご相談いただければ幸いです。

＊上記の個人情報に関しては、小社の御案内以外には使用いたしません。

へと招かれている。パウロが書いている通りである。けれども、それは私たちが好むことをする自由（「肉の働く機会」）ではなく、愛する自由（「愛をもって互に仕えなさい」）である（ガラテヤ五・1、13）。このように、罪はまず第一に神の愛に背を向け、愛することに費やすべき生き生きとした人生に背を向けることである。パウロは続ける。「律法の全体は、『あなたの隣人をあなた自身のように愛せよ』という一語をもって全うされるのです」（14節）。だから罪とは偶像礼拝に生きる生き方であり、神と隣人に心を開いて、愛し、仕える生き方からそれることである。これこそが本質的な罪への傾向、すなわち原罪であり、そこから罪の行為が生まれる。

神が私たちを造られたのは、他者に自分を与え、他者を受け入れる愛の生活のためである。したがって、罪は人間の本来の姿ではなく、神は意図して人間を罪ある者として造ったわけではない。罪は侵入者である。罪は人間の自然な限界、有限性や足りなさとは異なる。むしろ罪は愛なる神に対する反乱である。神を拒否するこの行為が私たちを神から遠ざける。神が人間を遠ざけるのではなく、私たちが神の愛を拒絶して神から遠ざかり、私たちを造った、私たちよりも私たちをよくご存じの神を、遠い存在にしてしまうのである。けれども本来、神はご自身との、そして隣人との交わりのために人間を造られた。だから、私たちが自分をこの大いなる愛から遠いところに置くことは、「的を外す」行いであり、これが新約聖書が罪に対して用いる主たる表現である。それは「神からの栄誉を受けることができず」（ローマ三・23）にいることであり、私たちが神のかたちに達しないことであり、キリスト・イエスにおける神の招きに的を外した反応をすることである。

人間の一体性についてもう一歩考察を進めよう。私たちのうちの誰一人として自分で罪とかかわることを決断した者はいない。聖書は私たち一人ひとりがアダムであり、エバであると教えているわけではない。この点が、アウグスティヌス（三五四～四三〇）とイギリスの修道僧ペラギウス（三五五～四二五）の間の有名な論争の本質であった。聖書のいう人間の一体性を強調したアウグスティヌスは、アダムの罪の結果、人類全体が普遍的な罪の絆で縛られることになったとした。アウグスティヌスの解釈によれば、人間は罪以外のことを選ぶことができない。そして、ただ神の恵みだけが私たちを救うことができる。アウグスティヌスは、結果的に予定説に転じて、ある人々は神によって選ばれていると論じるにいたった。それは、信じて悔い改めることは人間には選べないからである。

一方ペラギウスは、そのような教えによって人々が自分自身の行為に対する責任に目をつぶることを恐れた。アウグスティヌスの見方では、人々の罪は「アダムの罪」になってしまう。ペラギウスは、この見方に対抗して、アダムの罪の悪い影響は、私たちの行為の悪い先例を残したことに過ぎないと言う。したがってペラギウスによれば人間の自由は、本質的にはアダムの罪によって損なわれてはおらず、神の恵みは神が私たちに与えておられる自由のうちに働いているということになる。私たち一人ひとりがアダムであり、エバであるとペラギウスは教えた。

論争にはよくあることだが、この論争も当事者二人の思想を極端なまで推し進めることになった。アウグスティヌスの原罪観は、人間を宇宙のチェス盤上のポーンに等しいものとしてしまった。一方で、ペラギウスによる損なわれていない人間の自由という思想は、人間がばらばらに自由を行使する孤立した単位だとすることになった。アウグスティヌスの批判は極端であったが、確かにペラギウスは人間の一体性を正しく評価していなかった。ペラギウスは私たち一人ひとりが言うこと、すること、考えることが、私たちの周囲にどれほど大きな影響を、実際無限の影響を与えるかを正しく見積もっていなかった。もちろんこの影響はついには私たちの死後にまでも及ぶ。またペラギウスはまっさらな状態でこの世に生まれる者は誰もいないことに気がつかなかった。私たちが生まれ出てくる世界はすでに罪に満ちた世界であり、戦争・流血・奴隷・虐待・悲惨・恐怖……まだまだある悪夢に満ちた世界である。確かにこの世界には良いものもある。けれども罪悪論を扱う際には、この世界が神の愛を拒否する世界であり、私たちは受胎の瞬間から自分を待ち受けているそのような世界に存在し始めることを忘れてはならない。私たちは、自分を最優先する自己中心志向に占領された世界に生まれ出てくる。私たちはみな互いに一体であり、祖先の罪は今もその毒を失わず私たちに影響を与えている。私たちは、自分たちよりも先に既に存在しているそのような世界に生まれ出てくる。ペラギウスはこの現実を見逃していた。

一方で、アウグスティヌスの原罪論と予定説は、後に極端な形でプロテスタント宗教改革の中に現れた。人間は罪の奴隷だから、自分では選択することができない。それゆえ神が救われる人を定められるというものである。アウグスティヌスにとっても、また彼より千年以上も後に現れたルターやカルヴァンの神学にとっても、神は滅びに定められた全人類の中の誰であっても救おうとするあわれみ深いお方である。すべての人類は「呪われた集団」（massa perditionis）だからである。ペラギウスは、聖書が教え、私たちも経験する、人間の一体性という現実を見落としたが、アウグスティヌスは人間の責任についての聖書の強調と神の意志と共に喜んで働くことへの聖書の招きを見落としている。私たちが生まれる前から原罪に取り巻かれ、毒されているとしても、聖書は私たちが依然として神への責任と応答可能性を持っていると教える。人間の罪の一体性と個人の責任の間には緊張関係があるが、これは少なくともウェスレアン神学においては先行的恩寵の教理によって解決できる。カインの物語のように、神は常に私たちの生活の中に臨在しておられ、私たちが意志するなら、神のみ心に従うことを望み、選ぶことを可能にしてくださる。私たちは聖霊なる神、ことばなる神に逆らうこともできる。けれども、神に従うならば、神と隣人に仕えることを愛する本当の自由を持つ身に解放される。先行的恩寵については、後に本書23章でさらに踏み込んで扱うが、次の第四部で論じる神と人との契約の神学も、この教理に土台を持っている。

注

1　Cyril C. Richardson, ed., *The Library of Christian Classics, Vol. 1 : Early Christian Fathers*(Philadelphia: Westminster Press,1953), 385, 386. エイレナイオスの『異端駁論・第V巻1』からの引用である。邦訳に「エイレナイオス・異端駁論」『キリスト教教父著作集』、小林稔訳、教文館。第V巻は大貫隆訳、二〇一七年。

2　同 219.「ディオグネートスへの手紙」と呼ばれる資料からの引用。邦訳に「ディオグネートスへの手紙」『使徒教父文書』佐竹明訳、講談社文芸文庫、一九九八年がある。

第10章　人の罪、あきらめることのない神

「それで主は、地上に人を造ったことを悔やみ、心を痛められた。」（創世記六・6）

創世記一章は、神の創造の良さを響かせており、それは、「非常に良かった」（31節）という神の宣言によって強調されている。聖書のこの熱狂的な創造観は、創造することに神が感じておられる喜びを示す。しかしこの満足にもかかわらず、神はそれとは正反対の深い失望を味わうことになった。罪、それは主権に基づく神の愛を拒絶することを意味するが、罪は全人類とその関係するすべての中に恐ろしいウイルスのように広がっている。エバからアダムへ、そして彼らの子カインとアベルへ、そしてバベルの塔へと。聖書は神が人間を造ったことを悔いて、悲しんだと言う。聖書の物語はなんという神の姿を見せることだろう。悲し

むことができる神、嘆きを経験することができる神とは！

つまるところ創世記は正しかった。被造物が良くなることはなく、このことは創造者を苦しめた。神のこのような肖像につまずく人々もいる。しかしそれは神がどのようにふるまうべきかについて先入観を抱いて神の物語を読むからである。例えばこのようにである。「もし神がすべてを知っているなら、世界の創造の前から人間が罪を犯すことを、知っていたはずだろう？」けれどもこの章の冒頭に引用したノアの物語をまじめに読むなら、答えは「ノー」である。創世記六章は、ものごとが神の予想よりもはるかに悪くなったことを示唆する。教会の歴史の中で神学者たちは、これらの聖書箇所が持つ困難を回避しようとして、擬人化（英語のanthropomorphic はギリシャ語の anthrōpos「人類」と morphē「形、あるいはフォーム」から成る語）、すなわち神を人間の用語で考えることだとしてきた。擬人化は、古代人にとっては許されるだろうが、洗練された有神論者にはふさわしくない、というわけである。けれども、もし仮にこれらが擬人化であったとしても、そこから神について学ぶことはなおある。だからこの物語と真剣に取り組むことにしよう。そうするなら、人の罪の結果を深く悲しんだ神は、被造物に自由を与えるという実験の結果については、予め完全にはご存じではなかったということに気づくことになる。

いかにしてこんなことが可能なのだろうか。最もシンプルな答えは、神がお造りになった世界では、自由と偶発性も役割を担っており、予測不可能なことや偶然さえも、天地をお造りになった神はお用いになるというものである。神が造られたものは、神にとって他者なる存在である。それらは、刻一刻神によって支えられていてさえ、他者なのである。人間は神の像に、すなわち神の性質を映し出すために造られた。それは神が愛するように愛する存在であることを意味する（マタイ五・43～48）。そのために、神はご自分の力と知識を制限されて、人間の選択の可能性を現実のものとされた。

未来は完全には決定されておらず開かれていて、神は人間の自由に進んで譲歩なさる。このことのさらに顕著な例は、創世記の少し後に出てくる。創世記二二章には、アブラハムの神への従順の物語がある。その従順は、本気で息子イサクを犠牲として献げようとするほどであった。しかし、神はなぜこんなことを要求されたのか。この非常に苦しい経験はあらゆる試練がそうであるように、アブラハム自身に自分の献身の深さを明らかにして、彼を強くするためであったとする解釈もある。確かにこれも副次的な効果ではあったであろう。けれども物語がその絶頂に達したときに、神は「あなたの手を、その子に下してはならない。その子に何もしてはならない。今、わたしは、あなたが神を恐れることがよくわかった。あなたは、自分の子、自分のひとり子さえ惜しまないでわたしにささげた」（12節）と語った。すでに私たちは本書第5章で神の全知、すなわち神が深く、また完全に愛のうちに私たちを知ってくださることが、私たちの心と生活をありのままに神の臨在の前に置くと論じた（ヘブル四・13参照）。それなのに神は、このような感情的な拷問にあわせることなしには、アブラハムの心を知ることができなかったのだろうか。

けれども、このような疑問は神の物語が私たちに教えようとする本質を見失わせてしまう。人の神への信仰は、生きた神との関係であり、それはこの世においては、人間の決断と行動を通してしか表わされることができない関係である。信頼の表明、忠誠の宣言は、それだけでは、不十分である。神への信仰は、試みられ、この世の毎日の「るつぼ」で吹き分けられなければならない。それは実際に犠牲を払う信仰であり、単に心の中の神聖な場所にあるだけの信仰ではない。神との関係は、知り得た神のみこころに対する私たちの実際の応答によって測られる。ヤコブ書は、信仰の中に人間のわざの場所を見つけるために、創世記のこの物語を引用している。「私たちの父アブラハムは、その子イサクを祭壇にささげたとき、行いによって義と認められたではありませんか。あなたの見ているとおり、彼の信仰は彼の行いとともに働いたのであり、信仰は行いによって全うされ……彼は神の友と呼ばれたのです」（二・

21〜23）。ノアやアブラハムのこれらの物語は、神は歴史の神であると語る、毎日の歴史の神、日ごとの決断の神、今ここにおられる神であると。

創世記は繰り返して、「……あれ」と言う神は、自由な被造物を造り出す冒険をあえて冒して、いのちあるものを造り出し、それによって被造物だけではなくご自身が変化を経験することをよしとされたお方であると語る。自由な存在を造り出して生かし続ける危険を冒し、私たち人間をご自身の像としてお用いになることを選んだ以上、神は決して変わらないままでいることができない。キリスト教は伝統的に神は変わることがないと言うが、創世記によれば神は神であるままでじっとしておられない。神は万物を創造し、宇宙という他者の存在を許す。神が不変であるという教義は、神が退屈な静止した存在であることを意味するのではなく、神が変わることなく永久に愛であることを意味する。このことは愛なる神は愛し愛されることを心から永遠に望んで、被造物に関わって巻き込まれ、被造物のために危険にさらされることを意味する。神は人間に（おそらく人間以外の被造物にも）自由を分け与え、ご自身の意志にしばしば反抗する存在を造り出すという決定をし、ご自身を不思議なやり方で制限したのである。創世記六章が語るように、神は悔い悲しみながら、人類が落ちこんだ罪の深みを、もう一度カオスに投げこんだ。

洪水で世界を清くし、もう一度最初からやり直すことに決めたときでさえ、神はご自身のスタイルをお捨てにならなかった。このときでさえ、神は限りある弱いパートナー、ご自身の像に造られた人間と一緒に働くことを決意していた。そして神は共に働く相手、ノアを見つけた。契約に忠実な神がなんとか創造を成功させようとなさっている姿がここにある。神はあきらめない。このあきらめることのなさを私たちは恵みと呼ぶ。なぜなら恵みの源は私たちを決してあきらめたくないと思う神の思いにあるからである。神は被造物にこれほど打ち込まれているので、被造物を途中であきらめることは、ご自身の創造者としてのご性格を否定することになってしまう。

それでも、リスクの偉大な引き受け手という神の概念を受け入れ難く思うのは当然である。それは、私たちの人生が実に多くの不確実性とリスクと不確かな選択に満ちているために、すべてをコントロールしておられるお方がいなくてはならないと感じるからかもしれない。あるいは神の全知や全能というご性質から考えて、神が宇宙のすべてを完全に支配されるべきだと感じるからかもしれない。けれども神が思いのままに被造物というポーンを動かす並み外れたチェス・プレーヤーで、一人で詰め将棋を演じるお方だと想像するならば、神の真の力を見逃すことになる。そのような神は真に力ある神ではなく、弱く不安定な神である。

神の真の力は被造物を存在させ、愛するようにさせる力である。だから神は被造物を脅かすようなコントロールの仕方をなさらない。将来起こることが開かれた可能性をもつ不確かなものに見えるとしても、である。神は被造物をコントロールできなくなるのではないかといった恐れは抱かない。だからこそ神は被造物をゆるやかな愛のうちに掌握し、私たちが自分自身で決断を下し、その決断の結果に責任を持つ存在であることを許す。哲学者フレデリック・ソンタグの言葉にこうある。

もし神が自由を大事にするなら……このことを反映していない世界は、彼の被造物ではない……神は自信に満ちているので、彼は危険を冒すことができる。神はご自身を保護するために、厳しい人格コントロール・システムで私たちを強制的に管理するいかなる必要も感じない。実際には、神ではなく私たちが、固定した将来を必要とするものである。神はいかなる不確かさに対しても対応することがおできになる。(1)

ソンタグを正しいとするなら、神と未来についての私たちの先入観は見直されなければならない。自由な存在を造り出す危険を冒した神は、将来を、少なくとも詳細には、知らないほうを好まれる。推理小説の最後のページを最初に読むなら、楽しみは損なわれないだろうか。神は、確かに、神の物語という「ミステリー」の最後のページを書くことがおできになる。けれども、創世記六章は、神の物語がある意味で、結末のない本であることを示唆する。神にとってさえ、未来は事前にプログラムされた回避不可能な出来事の連続ではない。神にとってさえ、未来は私たちのそれぞれが役割を果たす余地をもって広く開かれている。あきらめない神は、恵み深くデリケートに被造秩序とその自由を支えておられる。そのように開かれた未来を持つこの世界において、神は選択と応答責任を私たちにお与えになっている。その結果、神ご自身の心が破れることもまたあり得るのである。

注

1　Frederick Sontag, *What Can God do?* (Nashville: Abingdon Press, 1979), 88, 89.

■第三部（第8章〜第10章）ディスカッション・リーダーのためのガイド

パウロは二箇所にわたって、神の律法は「あなたの隣人をあなた自身のように愛せよ」に要約されると書いている（ローマ一三・8〜10、ガラテヤ5・14）。隣人を自分自身のように愛するということが何を意味するのか考えよう。パウロがこの愛を、教会で「互いにかみ合ったり、食い合ったり」（ガラテヤ五・15）することと対比していることに注目しよう。この「あなたの隣人をあなた自身のように愛せよ」という命令は、レビ記一九章18節からの引用であり、主イエスによってしばしば、またパウロとヤコブ（二・8）にも引用されている。見逃されやすいことだが、「愛せよ」との命令はレビ記一九章にも繰り返されており、そこでは愛の対象は隣人ではない。「あなたがたといっしょの在留異国人は、あなたがたにとって、あなたがたの国で生まれたひとりのようにしなければならない。あなたは彼をあなた自身のように愛しなさい。あなたがたもかつてエジプトの地では在留異国人だったからである」（一九・34）。今日の教会にとって「在留異国人をあなた自身のように愛しなさい」とは何を意味するのだろうか？　今日の教会にとって「在留異国人」や「異邦人」とは誰だろうか？

〈ディスカッションのための設問〉

1　Ⅰヨハネ三・11～12には「互いに愛し合うべきであるということは、あなたがたが初めから聞いている教えです。カインのようであってはいけません。彼は悪い者から出た者で、兄弟を殺しました」とある。このことは愛と罪の間の重要な関係を示唆している（一七四頁）。それはどのような関係だろうか？

2　第9章にあるアウグスティヌス対ペラギウスの議論を思いだしてみよう。あなたは、どちらの考えに共感するところが多いだろうか？　原罪の力と神が与えてくださる応答能力の間の緊張関係について考える時、アルミニウスは助けになるだろうか？

3　先行的恵みの教理について話し合おう。聖書はこの教理を支持しているだろうか？

4　善の問題についてはどうだろうか？　もし全人類が罪の中に落ちているなら、なぜ人は善を行い、慈悲と愛を示すことができるのか？　ここには矛盾がないだろうか？　なぜ矛盾を感じるのだろうか？　あるいは矛盾を感じないとしたら、それはなぜか？

第四部
神の物語とユダヤ人——契約論

聖書が語る物語は、人の反乱と神の贖いの物語である。この二つのテーマは、すでにエデンの物語に登場した。そこで私たちは、忍耐強くまた愛情深く人を探し求めるお方に会う。それは贖う神であり、「あなたは、どこにいるのか」という胸に迫る問いをもって、罪人を捜し求める神である。

この問いは、全能かつ全知の神の問いとしては滑稽に聞こえるかもしれない。しかし、まさにそこにポイントがある。全能・全知といった教義は、神に対して、あらゆる種類の形而上学的な賛辞を呈するが、その神が関係の神であるという聖書の中心的なメッセージを見逃している。神は、被造世界を創造された。被造物は、神とは他なる存在であり、神はまさにその他者性を大切に支えられる。この被造物の他者性の頂点に位置するのは、人間である。人間は神を探すこともできれば、神から逃げることもできる。人間はまた神と共に働くこともできれば、神に反逆することもできる。人間は神について思いを巡らすこともできれば、神をまったく否定することもできる。人間には意識的に選択する力があり、この力こそが神に対する私たちの他者性の何よりの証拠である。

聖書の物語によれば、他者性を与えることは神の意志であった。イスラエルの聖なるお方は、ご自身とは他なる者を創造された。というのも、神と他者であることから生じる人間の自由の感覚は、真の関係にとって不可欠の要素だからである。私は、「私ではない存在」としか本当の関係をもつことができない。偉大なユダヤ人哲学者マーティン・ブーバー（一八七八〜一九六五）によれば、本物のなんじとわれの出会いにおいては、なんじはわれにとって、真になんじでなければならない。「〈われ〉は〈なんじ〉と関係にはいることによって〈われ〉となる。〈われ〉となることによって私は〈なんじ〉と語りかけるようになる。すべて真の生とは出会いである」[1]。ブーバーは神との関係についてだけ語っているのではない。彼が語っているのはすべての関係についてである。私たちが関係の恵みを受け取り、与えることができるのは、私たちの神に対する、他人に対する、そして世界に対する他者性のゆえである。神にとってもそうである。唯一の力である神、全能の創造者が、彼自身の絶対の存在の特権を放棄して、自分が造った人間との関係に入るのである。こうしてご自分を空しくすることによって、神が「あなたは、どこにいるのか」と尋ねることが可能になり、その質問は私たちの応答を求める真剣な質問となるのである。神は私たちをコントロールするのではなく、招く。神は私たちを遠隔操作しないで、直接に呼びかける。神は他の何であるよりも前に、愛である。私たちを造り出し、支え、熱心に私たちを探し出す愛であり、それはすべて私たちとの愛し愛される関係のためである。

この関係という概念は、神が始められた契約（英語の covenant の語源はラテン語の co「共に」と vene「来る」から）についての聖書の物語に力強く劇的に描かれている。神が契約の神であり、協定、あるいは合意の神であることは、神学においてあまりにしばしば無視される。神が契約の神であるということは、私たちとの協働への神の関心、私たちとのパートナーシップへの神の忠実、私たちを力づけ励ます神の力を意味する。聖書が教える契約という関係の神学は、神はソロの独唱に興味がないことを示唆する。そのかわりに神は、創造と贖いのわざへの私たちの参加と協力を呼びかける。もちろん神が宇宙を他なるものとして創造され、神と他なるものとして私たちを造り出したことが、契約という関係を可能にしている。

本書第二部では、創造者としての神と、神の被造物としての世界を扱った。第三部では、人間の反抗によって被造物が苦痛に満ちた状況におちいったさまを見た。この第四部では、神の恵みの物語――すなわち、落ちてしまった被造物を愛して贖いだそうとする神のあきらめることのない不屈の願望――を契約の歴史のなかに見る。これらの契約は神の意志によって与えられているから、まったくの恵みであって、私たちからでたものではない。ウェスレアン神学では、この恵みを先行的（英語の prevenient の語源はラテン語の pre「前に」と vene「来る」）恵みと呼ぶ。それは契約の関係において、最初に動きを始められるのはいつも神であることを強調するためである。もちろん、すべての恵みは、定義からいって先行的である。しかし、このことはいつも覚えておくべきである。

聖書における神の契約はすべて、被造物への神の恵み深い愛から始まり、その愛によって保たれる。また、これらは契約であるから、神は私たちの側の心からの協力なしに私たちを贖うのではない。だからウェスレーは喜ばしげに、アウグスティヌスを引用している。「私たちなしに私たちを造った方は、私たちなしで私たちを救うことをされない」。ちょうど契約が神の先行的な恵みに基づいているように、同じこの恵みが私たちを励まし、力づけて、「神の同労者」（Ⅱコリント五・18～19）とする。私たちの働きを求める神のこのわざについて述べる神学用語を、「神人協働説」（英語の synergism の語源はギリシャ語の syn「共に」と＋ ergon「働く」）という。聖書の大いなる神秘の一つは、全能の神が被造物の低さにまで身を屈めて、人間と契約を結ぶということである。神の目的は人間と共に働いて、神のビジョンであるシャロームを目指すことである。以下の数章において、この本当に不思議な神のわざの輪郭を見ることにする。

注

1　Martin Buber, *I and Thou, trans.* Ronald Gregor Smith (New York: Charles Scribner's Sons, 1958), 11. 邦訳、「我と汝」『我と汝・対話』植田重雄訳、岩波書店、一九七九年、一九頁。

第11章　ノア「被造物との神の契約」

エイミーは、授業中に手を挙げ、ノアの物語を読むときにだれもが思い浮かべる質問をした。「愛と恵みに満ちた神が、どうして罪のない子どもたちを含むすべてを、洪水で破壊することができたのですか？」

これは、よい質問であり、同時に難しい質問である。神学のディスカッションに活気を与え、また、挑戦する質問でもある。よい質問とは、その質問に対するどんな答えにも優る質問であると、定義できるかもしれない。もしそうなら、エイミーのよい質問は、ノアの物語に関するよい質問の代表的なものである。このことは、裏を返せば、洪水物語が神学にとって肥沃な土壌であることを意味する。

エイミーの質問への回答の第一のヒントは、新約聖書のペテロの第一の手紙の中にある。

この箇所は謎めいた、しばしば議論の対象となる箇所である。「キリストも一度罪のために死なれました。正しい方が悪い人々の身代わりとなったのです。それは、肉においては死に渡され、霊においては生かされて、私たちを神のみもとに導くためでした。その霊において、キリストは捕らわれの霊たちのところに行って、みことばを語られたのです。昔、ノアの時代に、箱舟が造られていた間、神が忍耐して待っておられたときに、従わなかった霊たちのことです……そのことは、今あなたがたを救うバプテスマをあらかじめ示した型なのです。……イエス・キリストの復活によるものです。キリストは天に上り、御使いたち、および、もろもろの権威と権力を従えて、神の右の座におられます」(三・18〜22)。

聖書注解者たちは、この箇所の解釈について一致を見ていない。けれどもひとつの共通の認識はある。それは初代の教会が、ノアの物語をはじめとする旧約聖書すべてを、イエス・キリストの物語の光によって理解しようとしたという点である。洪水物語に限らず、聖書のどのテキストから神を論じる場合でも、イエスの言葉と行動が神を理解するカギである。教会はその歴史を通してキリスト中心主義、キリスト基準の神理解を貫いてきた。そして、イエス・キリストにおける啓示はエイミーの質問に単純明快な回答を与えることはできないかもしれないが、少なくとも、このような問題について考えるのにふさわしい道筋を提供する。

この神義論（神義論については本書第5章を参照）の難問に取り組むための次のステップは、洪水が創世記においては人の罪に対する神の怒りと審きとして描かれていることを認めることである（六・5〜7）。しかしながら、旧約聖書の神は怒りの神で、新約聖書の神は愛の神だと考えるのは誤りである。問題の多くは、怒りと愛があたかも正反対であるかのように考えることから生じる。愛の反対は、実は無関心である。もし神が人の罪や背きに怒りで応えないとしたら、神が人間に関心を持っているかどうかは疑問である。逆に神は愛ゆえに、私たちの人生に親しく入りこみ、ご自身をすべての被造物——そこには私たちも含まれている——の贖いのために投げ出される。「怒り」という語は、神の私たちへの深い愛、神の心に深く刻まれている愛を示す。それは熱く燃える愛、そして私たちを手放そうとしない愛である。

洪水物語に光を投げかける第二の新約聖書のテキストを見よう。パウロはローマ書において「怒りの神学」を論じた。これは、ある意味で神は私たちを手放すというものである。パウロはまず「神の、目に見えない本性、すなわち神の永遠の力と神性は、世界の創造された時からこのかた、被造物によって知られ、はっきりと認められるのであって、彼らに弁解の余地はないのです」（一・20）と言う。しかし人間は、神についてそれほどよく知っていながら、偶像礼拝の罪に陥ってしまった（21～23節）。次いでパウロはいかにして「不義をもって真理をはばんでいる人々のあらゆる不敬虔と不正に対して、神の怒りが天から啓示されている」（18節）かを説明する。神は、人間たちが思いのままに欲望と偶像礼拝を追い求めるままに任せる。パウロは三度「神は彼らを……引き渡された」（24、26、28節）と、神が私たちを罪の力の奴隷になるままにまかせられたことを述べる。神は私たちに自由を許す。私たちの行為が私たち自身と他の人々を破滅させる時ですら許す。神の怒りとは、「汚れ」（24節）、「恥ずべき情欲」（26節）そして、「良くない思い」（28節）の中で人が自由にころがり回ることを許すことである。愛なる神は私たちを見捨てることはないが、私たちを自己破壊的な慣習や中毒にまかせるという意味で手放すことはされる。神は愛である。それゆえ神は、愛するために必要な自由を私たちに許す。その自由は、一方では悪しき方向に用いることもできる。そして自由の誤用、すなわち罪の避けられない結果は死である（ローマ一・32、六・23）。

確かに洪水物語は、神の怒りを恐ろしく能動的で攻撃的な表現で描いており、人が罪ゆえに破壊的なコースをたどることを許しただけ、というのではおさまらない印象を与える。つまるところ神は洪水を送ったのだから。けれども、創世記はそれ以上のことを物語る。神がなさったことは、積極的に洪水を送るというよりは、むしろ、カオスの暗い水、創造のとき陸地が現れるように分けられた水（創世記一・6～7）がもう一度地上の秩序を呑み込むことを許すことであった。ちょうど神の怒りは人間が破滅的な道を行くことを許すことであるように、洪水において神の怒りはカオスが戻ってきて陸地を水浸しにすることを許した。旧約学者であり聖書注解者であるゲオハルト・フォン・ラートはこう書く。

マップールという語は、もともと「洪水」や「氾濫」という意味ではなく、「滅ぼし」という意味ですらなく宇宙の一部分、すなわち天上の大洋を意味する特殊用語であった……ここでわれわれが見るのは、創世記一章にあるのと同一の現実的・宇宙論的表象である……われわれは……大洪水を全宇宙的規模の破局と理解しなくてはならない。すなわち、天上の大洋が地上になだれ落ちる。そして神が拘束し、円板形の大地の下に閉じ込めていた原初の海が今やその桎梏《しっこく》を解き放たれて、口を開けた割れ目を通じて地上に吹き出してくるのである。これは、聖書の世界像から見れば宇宙全体の転覆に他ならない。(1)

つまり、古代のヘブライ人にとって、洪水物語は水が地表を覆ったというよりもはるかに大きなことを表す物語であった。それは原始のカオスと茫漠《ぼうばく》がよみがえることを神が許すことであり、古代人が知る限りの全世界を台無しにするという物語であった。科学的に文字通りの意味ではなく、神学的な意味でそうなのである。神はすべての人の堕落と暴虐（六・12～13）のために被造物をカオスに渡された。そして、それらの腐敗と暴虐は人間の内にもカオスを発生させる。もちろんカオスの水を造ったのも神である。それは人間の自由を神が造ったのと同じである。けれども神が造ったものには、破壊的になり得る危険性も潜んでいる。それゆえこの物語は、神が人間の行為と責任をどれほど重く見ておられるかを教える。人の罪に対する神の審きは宇宙的次元をとるが、それはクリスチャンの終末論的期待の予型である。宇宙を統べ治める神は実に、私たちの審判者である。

けれども洪水のカオスの中からも、神が被造世界に愛を注いでくださっていることを示す福音の響きが高らかに聞こえてくる。再創造が行われ、ふたたび神のルアハ、すなわち風が地をおおい、乾いた陸地を現わす。ノアとその家族が箱舟にかくまわれた生き物といっしょに出てきて、神の物語の新しい章が始まる。そして聖書に初めて、契約という概念が現れる。

契約という語は、神の愛の宇宙的な性質を示している。それは、単にノアとその一族を新しいアダムとするという契約ではなく、「あなたがたといっしょにいるすべての生き物と。鳥、家畜、それにあなたがたといっしょにいるすべての野の獣、箱舟から出て来たすべてのもの、地のすべての生き物と」（創世記九・10）を含む契約である。神は、すべての生き物と契約を結ばれたのである。このことを真に認識するなら、神についての、また神と世界との関係についての私たちの理解が人間中心主義に傾きすぎることはない。確かに、聖書は人間が神の像に造られたと教える。このことは洪水の後でも（九・6〜7）繰り返していわれている。それでもやはりすべての被造物は神にとって大切であり、神の契約のパートナーなのである。

契約の概念の根本は、人の弱さ、脆《もろ》さ、あるいは悪を神が知っておられることにある。神は我慢強くそれらを取りあつかわれる。「わたしは、決して再び人のゆえに、この地をのろうことはすまい。人の心の思い計ることは、初めから悪であるからだ。わたしは、決して再び、わたしがしたように、すべての生き物を打ち滅ぼすことはすまい」（八・21）。この物語が描く神の肖像は、ご自身が造り出した人類をより深く、より同情をもって理解するようになったお方としてのそれである。現代のイスラエルの哲学者デイヴィッド・ハートマンの考察は適切である。

洪水の前に神が「地上に人を造ったことを後悔し、心を痛められた」ために、自然のすべては、破滅に定められた。人の堕落はすべての生物を滅ぼすのに十分な理由であった。

しかしながら洪水の後、神は人間がご自身の形に造られたにもかかわらず、自動的に神が願うとおりにはならないことを知ったと宣言される。神の人間についてのこの発見は、両親が子どもにする発見と似ている。すなわち、親は子どもが自分とまったく同じなのではなく、できないこともあり、弱さと独立した意志を備えた自分とは別の存在であることに気づくのである。子どもは、親から生まれるが、それにも関らず別の、独立した存在なのである。(2)

人間は確かに神の像に造られた。けれども彼らはまたちりでもある（創世記二・7）。すなわち、哀れな限りある存在、野蛮な世界で生き延びることに必死の、おびえた生き物なのである。神は、このことを知ったので「すべて生きて動くものは、あなたがたの食物となるであろう」と同意された。それまでは、神によって定められた唯一の食物は「緑の草」（九・3）であった。これもまた、多くの人間の行動の奥に潜む暴力的な衝動、あるいはラビたちが後に「悪への傾向性（イェツェール・ハラー）」と呼んだものへの神の譲歩と見るべきである。聖書のこの箇所は契約が、私たちに対する神の愛と私たちのすべての弱さと脆さを支えようという恵み深い意志の証拠であることを教える。契約はまた、私たちを今ある姿のままで受け入れるという神の恵み深い意志の証拠でもある。もちろん一方で、神はご自身が望む姿に、私たちを養い育てようとされる。「主は、私たちの成り立ちを知り、私たちがちりにすぎないことを心に留めておられる」（詩篇一〇三・14）からである。

しかしながら、洪水の物語にはさらに興味をそそる点がある。それは「私たちの成り立ちを知」るお方が、ご自分が造った人間について経験を通して学ばれたということである。人間の罪のために決してふたたび地球を破壊しないという神の決定、自然の規則正しさを維持するという神の決定（創世記八・22）は、神の良心の呵責をさえ暗示するように見える。これは、神の全知に関する伝統的な概念とは一致しないが、だからといって恐慌をきたす必要はない。聖書の物語が教える大切なことは、神が比類なき愛によって被造物に自由を与え、その自由ゆえに不確かな世界を始めたこと、そしてその世界と共にその世界のうちに、住むことを選ばれたことである。だから神は自らすすんで、変わらず愛を注ぎつつフルタイムで世界に住むという新しい体験をお求めになるのである。私たちに自由と応答責任をお与えになった神は、それによってすすんでご自身とは真に他なる存在を許され、被造物との愛し愛される真の関係にお入りになった。神は被造世界と見せかけではない真にダイナミックな関係を結ばれる。そして、命じ、招き、愛し、愛され、私たちの祈りにお応えになるのである。

以上のことを頭に置くならば、洪水についてのエイミーの「愛と恵みに満ちた神が、どうして罪のない子どもたちを含むすべてを、洪水で破壊することができたのか？」という質問への答えは、神もまたそれを後悔しておられるということになる。もちろん、このような答えは、さらに多くの問題を生み出す。神は本当に被造世界との体験から学ばれるのだろうか。そのような擬人化（本書第10章参照）は、誤りであり、危険でさえあるのではないだろうか。これらは難しい問題である。けれども、洪水物語のような聖書箇所から明らかなのは、神は被造物と関わり合い、その関わり合いが神ご自身の生と体験に変化をもたらすことである。預言者たちが神を「生きておられる主」と呼ぶのは、このためである。

神は私たちと関わり合い、ご自身が喜びをもって造られた他者なる被造世界との関係を通して成長し、学ばれる。その一方で、決して変わることのない神の永遠の本質がある。神の聖なる愛、被造世界を祝福する契約への忠実さ、人間とすべての被造世界（詩篇一四五・9参照）への細やかなケアは変わることがない。そして神は忠実なお方であり、神のこの忠実が、私たちとの契約を支えている。神の愛、私たちの「完全」と救いに対する神の願い、そして被造物をシャロームへと導く神の目的、これらは永遠に変わることがない。契約の神はどこまでも信頼することができるお方である。この信頼は捕囚下のイスラエルに語られた美しい約束の言葉に表現されているが、これは実はノアの箱舟にさかのぼる言葉である。

『わたしはほんのしばらくの間、あなたを見捨てたが、大きなあわれみをもって、あなたを集める。怒りがあふれて、ほんのしばらく、わたしの顔をあなたから隠したが、永遠に変わらぬ愛をもって、あなたをあわれむ』とあなたを贖う主は仰せられる。『このことは、わたしにとっては、ノアの日のようだ。わたしは、ノアの洪水をもう地上に送らないと誓ったが、そのように、あなたを怒らず、あなたを責めないとわたしは誓う。たとい山々が移り、丘が動いても、わたしの変わらぬ愛はあなたから移らず、わたしの平和の契約は動かない』とあなたをあわれむ主は仰せられる。」（イザヤ五四・7〜10）

注

1　Gerhard von Rad, *Genesis: A Commentary*(Philadelphia: Westminster Press, 1961), 124. 邦訳は、「創世記(上)」『ATD旧約聖書注解1』ゲルハルト・フォン・ラート著、山我哲雄訳、ATD・NTD聖書註解刊行会、一九九三年、二〇七頁。

2　David Hartman, *A Living Covenant: The Innovative Spirit in Traditional Judaism*(New York: Free Press, a division of Macmillan, Inc.,©1985),Used with permission.

第12章　アブラハム「神に召された民」

わが家の娘たちはよく振り付けつきの可愛らしい歌を歌ったものだ。その振り付けに年をとった神学者はついていけない。「父アブラハムには多くの息子がいた、多くの息子は父アブラハムを持っていた……」。彼女たちは知らなかったが、この歌詞には驚くべき真理が含まれている。

神秘に包まれたはるか古代の一人の人物が三つの一神教（monotheism 字義通りには、一人の神への信仰）の源となったことは不思議な、ほとんど信じ難いほどのことである。父アブラハムには、多くの子孫がいる。そして、その兄弟姉妹の間ですさまじい争いが行われてきた。ユダヤ教徒、クリスチャン、およびイスラム教徒すべては、アブラハムの子どもであり真の相続人であるという名誉を競い合う。これら三つの信仰の基礎となっているのは、アブラハムの物語と、その解釈である。三つの信仰は、みな、このさすらいのセム人の古い物語に根ざしている。それぞれの信仰は、アブラハムの物語を語り、その物語に関わりあっているが、そのあり方はそれぞれ異なっており、ときには対立する。それでもアブラハムは、三つの信仰すべての「父」であると理解されている。

ユダヤ教においてアブラハムは、エジプトから逃げ出したヘブル人奴隷であるイスラエル人の祖先とされる。ユダヤ人にとってアブラハムを父と呼ぶことは、聖書の物語を告白することである。その物語によれば、神は世界に対するみこころを実現するために、アブラハムを異教の偶像礼拝の中から呼び出して彼と契約を結び、彼の子孫が大いなる民、世界の祝福となって、約束の地で繁栄することを誓われた。アブラハムから約二千年後、もう一人のユダヤ人パウロはアブラハムの人となりとイエスに対する信仰を関係づけて、アブラハムは、年老いた自分を多くの国民の父とするという約束を信じたために信仰の模範となった（ローマ四・18〜25）と書いた。クリスチャンたちが、アブラハムを「父」と呼ぶのは、「肉によって」ではなく「霊によって」である。アブラハムは信仰の父である。だから、アブラハムの子孫に対する神の約束は、ナザレのイエスを信じて生きる者たちに成就する。一方、イスラム教（キリスト教の六世紀後に始まった）は、モハメッドの故郷である聖なる都市メッカとその周辺の住人がアブラハムの実際の子孫だとする。さらにイスラム教徒にとってアブラハムは、アラーの神への服従と偶像に対する憎しみにおいて、真のイスラム教徒である。誰がアブラハムの嫡子《ちゃくし》で、誰がニセ者であるかというこの問題をめぐって、どれほどの戦いが戦われ、どれほどの血が流されたことだろうか。

このような、神への信仰の名において行われる暴力が笑いの物語で始まることは、皮肉なことである。アブラハムの物語はまさしく笑いで始まる。そして、このことは、神学にとって大切なことである。神学者は、しばしばまじめすぎる。同じことはたぶん、多くのクリスチャンにも言える。無神論者の哲学者フリードリヒ・ニーチェは、「クリスチャンたちがもう少し贖われたように見えたなら、彼らが本当に贖われていると信じることができるのだが」と言った。ニーチェによれば、キリストの弟子たちは、いつも陰気な顔をしている。ニーチェは、堅苦しい陰気な敬虔主義、人生の最も素朴な楽しみでさえ疑問視する敬虔主義に反抗した。彼にとって、クリスチャンのユーモアのない顔は、ユーモアのない神を語っていたのだ。

おそらくニーチェは正しかったのだろう。キリスト教には、厳しくて、笑うどころか微笑むことさえ忘れた、ごましおのあご髭の、年老いた隠者として神のイメージを与える傾向がある。もちろん、神は被造物を解き放つために真剣に身を挺しておられる。私たちは、すでにノアの物語において、私たちが神とともに働くことを拒絶するとき、いかに神の心が傷つくかを見た。しかしもう一方でアブラハムの物語は、泣くことと同様に笑うこともなさる神を垣間見せてくれる。

アブラハムの物語にある神の笑いという主題を適切に扱うことができる唯一の方法は、おそらく五つの場からなる劇の形である。

第一場

すべては神がアブラムに息子を約束することから始まる。しかしアブラムは歳月が流れるうちに、より論理的なやり方は召使頭のエリエゼルを相続人にすることだと考える（創世記一五・1〜2）。これは、当時の一般的な習慣であって、当然考えてもよいことであった。しかし、思いがけないユーモアのセンスが発揮されて、神は「いいえ、あなた自身の相続人が生まれるだろう」と答える。神は明らかに何か奥の手を持っておられるようである。

第二場

時は過ぎていく。どう見ても、神は、アブラムとの笑いを誘う約束のことを忘れているように見える。アブラムも、妻サライも、ちっとも若くなっていない。彼は八十代半ばであり、彼女は七十代である。彼女は、年を取りシワだらけで、ユーモアをなくしている。彼女は与えしぶる神に対して苦い思いをもっている。「ご存じのように、主は私が子どもを産めないようにしておられます」（創世記一六・2）と彼女は嘆く。子どもがないことは、当時においてはとりわけつらいことであり、彼女の笑いを奪ってしまった。悲しいほど現実的になり想像力も失って、サライはアブラムに彼女のつかえめハガルによって子をもつように勧める。これも当時、それほど異常なことではなかった。とにかく神はサライが母となるかどうかについては何もおっしゃらなかったのだから。

この計画は、アブラムにとって道理に適っているように思えた。そして、代理母ハガルによってイシュマエルが誕生した。今やついに、アブラムは、約束の子、その子を通して神がすべての人々を祝福するという子を得た。めでたしめでたし。でも本当にそうだったのだろうか？

第三場

十三年後、アブラハムは百歳になろうとしている。神は急ぐ様子もなく姿を現され、約束を繰り返される。アブラハムには捕えどころのない冗談のようである。「わたしは、あなたの子孫をおびただしくふやし、あなたを幾つかの国民とする。あなたから、王たちが出て来よう」(創世記一七・6)。

神の約束に対するアブラハムの反応が目に浮かんでくるようである。神が冗談を言っていると思って、アブラハムはうなずき、ほんのわずかに微笑んで言ったことだろう。「主よ。その通りです。私は息子イシュマエルを通してあなたが与えてくださる大いなる家族を本当に楽しみにしています。私は彼を頼みにしていますよ。彼は、いま十三歳。もうすぐ結婚するでしょう。実にすばらしいですな」。

「フーム。ところで、アブラハム」と天地の創造者である主なる神は、いたずらっぽい色をそのすべてを見通す目に浮かべて、思いがけなくも続けられる。「あなたの年老いた妻サラのことだが、私は彼女によってあなたに約束の子を与えるつもりだよ」。

アブラハムははっとする。神は史上最高の冗談を飛ばされたのだ。それはアブラハムがうつ伏せになって笑うほど、おかしな冗談であった(創世記一七・17)。テキストからは、彼がひれ伏したのは礼拝のためにへりくだったからか、あるいは抑えきれない不信の馬鹿笑いからこぶしを地面にたたきつけているのかを見分けることはできない。彼は礼拝をしているのか、それとも笑い転げているのか？　あるいは、その二つが入り混じった「恐ろしく真面目でいかなる諧謔《かいぎゃく》とも無縁な雰囲気の中で、信仰と不信仰を固く結び合わせながら(1)」の笑いなのだろうか。答えは神とアブラハムだけが知っている。

「ああ、神さま！　そんなことをなさらなくても結構です。普通にやりましょう。サラは八十九歳だ、私も若くはない。イシュマエルによってあなたの計画を実現されればよいでしょう」。しかし、神は、ご自身の材料を使うと決意されている。「いや、老いたサラは、来年男の子を生む。あなたは、彼を笑い（イサク）と名付ける。よいかな」。

第四場

神はその後すぐに、二人の友と一緒に歩き回る放浪者に変装して、アブラハムとサラを訪ねた。狂気とも思える約束は繰り返され、今回笑うことになったのは、立ち聞きしていたサラであった。確かに笑いは、八十九歳にして初めて母親になると言われた女性にとって普通の反応である。神のまったく思いがけない、驚くべき啓示がサラの長年の苦々しさを打ちくだいた。神が話し彼女が笑う。次に彼女は、笑ったことを否定しようとするが、神の方がよく知っている。「いや、確かにあなたは笑った」(創世記一八・15)。けれども、神はサラを責めておられるのではない。なぜなら神は、人の予測をはるかに超えたご自分の行動が、退屈でユーモアと想像力の乏しい人間からみれば、時におかしくみえることもご存じだからである。神のユーモアは、笑いという名の子のクスクス笑いの約束によって、彼女の大人びた「現実主義」を突き破る。

第五場

一年後(創世記二一章)、サラはもう一度笑うが、今度は神を笑うのではなく、神と共に笑う。サラは彼女を笑わせるという神の約束の成就を喜んで笑う。そして、隣人たちがうわさし合っているに違いないと言って笑う(二一・6)。人にとっては笑わずにはおられないことも、すべての生命の創造主であり支え主であるお方にとっては何の困難でもない。笑いを引き起こした約束は、今実現してもう一つの別の笑いを作り出す。神の笑いは、イサクにおいて受肉した。そしてアブラハムとサラが、この物語で笑ったすべての笑いを考えれば、誰が本当にユーモアのセンスを持っているかは、明らかである。神はユーモア一杯に、約束の笑いの子を老人たちによって生み出した。その過程で人間たちは自分たちの弱さを含んだやり方で、神の約束を達成しようとして陰気な試みを行ったが、神はユーモアを持ち続けながらそれを見守り続け、ついには、そんな人間を通してご自身の目的を成就させた。これは類いまれな神のご性質である。このユーモアが神を契約の神、ご自分の民イスラエルに対して忠実な神であらしめる特徴のひとつである。結婚したカップルがみな証言するように、契約関係が成り立つためには、よいユーモアのセンスが必要なのだ！

神が笑う、という表現は確かに擬人化である。しかしこの物語によれば、創造においてあえて危険を冒す神の自信が、神にとって笑うことを可能にする。創造者はご自身と被造秩序に対して真剣でありながら、その神としての地位が危険にさらされているわけではないことを知っておられる。「天の御座に着いている方は笑い」（詩篇二・4）、余力を備えておられる。なぜなら神は、ご自身の想像力とユーモアに富む創造の力が人の最も悲しい涙さえも贖って、それをうれしい笑いの種とすることを知っておられるからである。このような確信が、終末論、すなわち最後の事物に関する教義の土台にある。

このような神の姿を知るならば、私たちもまた笑うことができる。確かに私たちの世界には多くの悲しみがあり、先にも見たように神もまた私たちのために私たちと共に泣いておられる。しかし、一切の終わりに、涙と悲しみから神が笑いを作り出してくださるという希望がある。ちょうどサラにそうなさったように。神がイサクの奇跡的な誕生を通して契約の民を造り出すことを始めたという事実が強調するのは、神が契約を始めるのであり、神が慈しみと忠実さをもって人間に届いてくださるのであり、ついには神がご自身の契約を通してその目的をなし遂げるという聖書の真理である。「あなたがたを召された方は真実ですから、きっとそのことをしてくださいます」（Iテサロニケ五・24）と使徒パウロは書く。そして私たちは、この契約関係において最も重い重荷は神が担ってくださることを知っている。ちょうど神が「私たちがちりにすぎないこと」（詩篇一〇三・14）を覚えておられたように、私たちが私たち自身の限界を認識するとき、私たちもまた自分を笑うことができる。なぜなら、自分自身をあまりにまじめに受け取りすぎることは、神がどんなお方であるか、そしてどなたが最後に笑わせてくださるかを忘れることだと気づくからである。

注

1　Von Rad, *Genesis*, 198. 邦訳は、「創世記（上）」『ATD旧約聖書注解1』、三五一頁。

第13章　モーセ「神の贈り物である歩くべき道」

すでに見たとおり、エジプトの奴隷のくびきからの救出は、信仰の篤いユダヤ人にとって、ユダヤの歴史の中心である。この救出はユダヤの創造の神学にもその光を投げかけた。神は契約の民を「創造」された。それは自由な人間として扱われない奴隷という「無」からの「創造」であり、海のカオスの恐るべき水を「分ける」ことによって彼らを救出することであったが、これも小規模な「無からの創造」と呼んでもよいであろう。イスラエルにとって、神はこの解放を通して、ご自身が彼らを贖う方であることを明らかにされた。

けれどもこの重大な事件は、それだけで終わりではなかった。神にとって創造の目的は被造物と関係を持つためであった。同じように神はこのユダヤの奴隷たちを救い出して、神の民とし、関係を持とうとされた。彼らは単に自由にされたのではない。出エジプトの裏側には、モーセを通してシナイ山で始められた契約がある。十誡として知られている部分への短い前書きは、出エジプトとシナイの不可分性を明らかにしている。「わたしは、あなたをエジプトの国、奴隷の家から連れ出した、あなたの神、主である。あなたには、わたしのほかに、ほかの神々があってはならない」（出エジプト二〇・2～3）。クリスチャンになじみ深い表現をすれば、シナイの「律法」は、出エジプトの「恵み」から生まれる。神の物語にとってこれは大切なことである。すなわち、恵みには義務が伴い、贈り物には仕事が、自由には責任が伴う。ドイツの神学者ディートリッヒ・ボンヘッファーによれば「安価な恵み」はない、ということになる。

ところがクリスチャンには、シナイ契約を恵みとしてではなく、厳しい硬直したおきて、人々を自分の罪深さと無力さに追い込むものとしてのみ理解しようとする昔ながらの傾向がある。このような解釈を聖書のテキストから支持することは難しい。ヘブライ語のトーラーは、「おきて」というよりは「道」、あるいは歩き方と訳す方が正確である。ユダヤ教においては、トーラーは背負いきれない重荷だとはされていなかった。むしろ、それはこの世で神の民として生きる道として、神がイスラエルに与えた贈り物とされてきた。モーセに啓示された神は過酷な奴隷監督ではなく、「主は彼の前を通り過ぎるとき、宣言された。『主、主は、あわれみ深く、情け深い神、怒るのにおそく、恵みとまことに富み、恵みを千代も保ち、咎とそむきと罪を赦す者』」（出エジプト三四・6～7）、けれども罰すべき者は罰する正しいお方である。イスラエルにとって神は、愛と慈しみの神であり、そのトーラーはいのちに至らせる贈り物である。「見よ。私は、確かにきょう、あなたの前にいのちと幸い、死とわざわいを置く。……あなたはいのちを選びなさい。あなたもあなたの子孫も生き、あなたの神、主を愛し、御声に聞き従い、主にすがるためだ」（申命記三〇・15、19～20）。

まったくの恵みであるというトーラーの性格は十誡の第四誡、安息日遵守の誡めに最も良くあらわれている。第七の日は、イスラエル人、彼らの子ども、彼らの動物、そして、さらに「寄留者」、すなわち立ち寄った外国人のための休息の日として取り分けられ（または聖別され）ている（出エジプト二〇・10）。ユダヤ教では安息日遵守を出エジプトと結びつけて考える。そして、自分たちが神ご自身によって契約のために解放された民であることを、特定の一日を用いて証しするのが安息日だとしている。だから安息日は恵みの祝い、エジプトの圧迫の下で人間性を奪われた民を神が愛ゆえに贖ってくださったことの祝いである。ユダヤ教はまた、安息日遵守を創造物語と結びつける。そこでは、神は六日で宇宙を造り出して、第七日に休まれた、とされている（おそらく安息日のこの二重の意味は、ヘブルの思考における創造と出エジプトの密接な関係を示している）。安息日の遵守と創造における神のわざを結びつけるとき、皮肉なことに、神の民は七日目ごとに何もしないことを命じられていることに気づかされる。イスラエルの民は、神がそうされたように何もしないで休むべきだとされた。これは、おきては仕事に駆り立てるという概念とはまるっきり逆である。安息日は休むために、止まるために、ただそこにいることのためにある。現代の西洋社会にとって衝撃的な思想である。そこでは守護聖人が仕事中毒になっている。

安息日は、私たち自身の社会が忙しいことを礼賛していることに気づかせる。なぜ、私たちは忙しいことに取りつかれているのか。答えの一部分は、少なくとも、自分の存在を正当化するためである。私たちは他の人に、自分が重要な人間であり、自分がここにいる理由を持っていることを証明しなければならないと感じる。私たちは、社会の科学技術の進歩の速度を落とす重しになりたくない。新約聖書学者のロバート・ジュエットはこう書く。「アメリカの精神には深く根ざした一つの仮定がある……それは地位が量的な功績に基づくというものだ。仕事によって自分自身を正当化する際にも、かつては正しいことを法律にのっとってすることが重視されたが、今では単に多くのことをなしとげることに重心が移っている[1]」。

この量への執着は、その人が誰であるかということよりも、何ができるかによって人を判断する現代の傾向にも現れている。この傾向に気づいたマルティン・ブーバーは、現代人は、他の人を「あなた（you）」としてよりは「それ（it）」として扱う傾向があると示唆した。ブーバーは独特の正確さで問いかける。「現代における労働と所有の発展自体は、向かい合うものとの生活、すなわち、意味深い、〈われ――なんじ〉の関係の痕跡をほとんど根絶してしまっていないであろうか[2]」と。安息日の精神、トーラーのまさに中心に記された精神は、人間の生活と存在意義が「それ（itness）」に縮小されることに抵抗している。

十誡は創世記に基づいて、神が六日の間創造のために働かれ、そして第七日目に休まれたと記す（出エジプト二〇・11）。ユダヤ教のラビたちは、創世記一章に登場する他の日については「夕となり、また朝となった」とあるが、第七日についてはそれがないことを注意深く指摘している。彼らは第七日目の聖別された日には終わりがないという。なぜなら神の安息には終わりがないからである。このラビたちの解釈には大切な真理が含まれている。

その真理というのはもちろん、神が創造以来何もされなかったということではない。これは理神論と呼ばれるもので、すなわち神は宇宙を造り出し、その運行の法則を定めた後は、積極的な活動からは引退したとするものである。聖書的信仰は神が「不在地主」であるという説とは相いれない。こうした静止し完成した創造の概念は誤りである。例えば天文学者は新しい天体が、そのうちのあるものは惑星を従えて、今も形づくられ続けており、現在の諸条件が続くなら今後もそれは続くと言う。もっと身近な例は人間やその他の生物の新しい生命の創造という、この世界で今も進行中のプロセスである。神は、次々と新しい存在を生じさせ続ける。したがって、創造は今も続いているプロセスである。さらに重要なのは聖書が語る神は、創造的に被造物と交わり、世界を贖うために今も働き続けておられる神だということである。

このこととラビたちの第七日目が休息の日であるという考えを結びつけると解ってくることがある。それは神の「休息」は働きの中断ではないこと。そして被造秩序を楽しみながら育てることが、神にとって働くことだということである。働くことは神にとって「仕事」や成果ではなく、ましてや生計の手段ではない。神は世界を「it」として扱わず、契約のパートナーである「you」として扱う（創世記九・9〜17参照）。ジョン・ウェスレーは詩篇一四五篇9節の「主はすべてのものにいつくしみ深く、そのあわれみは、造られたすべてのものの上にあります」を引いて、神が被造世界全体を優しい愛と心遣いをもって扱われることを語るのが常であった。ラビたちの思索を物語の神学に織り込むなら、神は働きを続けておられるが、その働きは安息日の休みと同質だということになる。

ヨハネの福音書五章17節の心を打つ主イエスの言葉にも同じ真理がこだましている。安息日にある男性をいやしたことへの批判に対してイエスは「わたしの父は今に至るまで働いておられます。ですからわたしも働いているのです」とお答えになった。創世記における安息日についてのラビたちの解釈を参考にすることによって、イエスの真意を推察することができる。「あなたがたは、わたしが安息日に働いたので、安息日を破ったと責める。けれども神の安息日は創造が終わった時から始まって今にいたるまで続いているのに、父は今も働き続けておられるではないか。だから私もそうするのだ」。ヨハネは続けて、イエスの批判者たちは、ただイエスが安息日を破ったというだけでなく、さらにイエスが神を「わたしの父」と呼ぶことによって、自分を神に等しいものとされたために反感をつのらせた、と書いている。その気になればさらに一つの批判をつけ加えることもできる。イエスの批判者たちによる安息日の定義に従えば、イエスは「神ご自身が安息日を破った」と言ったことになるわけである。けれども実際はそうではない。神の創造とその後の働きのすべては、優しく愛に満ちた被造物への心配りによる安息日の休みと同質の働きだからである。実のところ、イエスの批判者たちが規則を人よりも大切にしたことは、彼らが人を「it」にまで低く考えたのであって、これは神の安息日の休みに違反している（イザヤ五八章）。確かにこれはイスラエルの民に恵み深くも与えられた神のトーラーの不幸な歪曲であった。けれども、だからといってシナイ契約に込められた神の恵み深い愛を疑う必要はまったくない。

だから安息日を祝うことは何もしないことではない。少なくとも律法主義的な、何もしてはならないという禁令の下にいることではない。むしろ安息日を祝うことは、私たちの行動と交わりにおいて、被造物に対する神の心配りを共有することである。そしてより多くの行いによって神の好意を得ようとすることをやめ、ただ深呼吸してくつろぐために神が定めてくださった時を楽しむのである。神の前にただ私たち自身であることは、より多くの成果をあせる精神からの解放をもたらす。私たちが成果をあせるのは、神や他人に印象づけることによって自分の存在を正当化したり、あるいは罪の意識や自分が不適切だという感情をやわらげようとするためである。安息日は恵みのしるしであり、ただ神の前にいることへの招きのしるし、私たちがありのままで神に受け入れられ、大切にされていることのしるしである。

ここまでイスラエルの民に与えられた神の贈り物であるトーラーがまったくの恵みであることを十分に述べた。けれども、この恵みには義務もまた伴う。神の物語によれば、神はこのイスラエルの民を「祭司の国」、すなわち神と被造物の仲介者として選んだ。この民は、見えるところでは割礼と安息日によって識別され、「聖なる国民」として他のすべての民から区別されるが、それは安息日が他のすべての日から区別されているのと同じである。それは神の「宝」となるためであった（出エジプト一九・5～6）。つまり神は、神の像に造られた人間がもう一度神を表すようにと召されたのである。そしてこの民が召されたのは、すべての被造物のためであり、すべての民の贖いのためであった。神がこの民を召し、この民に命じられるのは、「全世界はわたしのものであるから」（出エジプト一九・5）である。これはしばしば、特殊性のスキャンダルと呼ばれる。全被造世界の神、宇宙の造り主にして支え主が、きわめて特殊なさり方で歴史の中に働いて、損なわれた人類を贖うのである。したがってこの民イスラエルは、神の贖いのわざのために、恵みによってシナイでの契約へと招かれたのである。この契約に忠実であるなら、イスラエルは人間に対する神のあらゆる愛と関心を「受肉する」。神はこの民を召してその愛と聖を分け与え、イスラエルの生活の中に神の聖さと愛を目に見えて表すのである。

このことは十誡の第二誡で「上の天にあるものでも、下の地にあるものでも、地の下の水の中にあるものでも」（出エジプト二〇・4）偶像を作ることが禁じられていることの意図を説明する。その理由の一部は、イスラエルを近隣の多神教から守るためであった。確かに、近隣の諸民族は被造物を神として崇めることを常としていた。また超越の神は、木や石で作った像で表すことができないことも理由の一部であった。しかし、しばしば見逃されがちな第二誡のもう一つの意図は、神は物質によってではなく、そのお命じになる声とその声に対する人間の従順によってのみしか表現され得ないことにある。神は、目に見えたり像に刻まれたりするべきではなく、ただ聞き従われるべき存在である。申命記四章にこうある。

「あなたがホレブで、あなたの神、主の前に立った日に……あなたがたは近づいて来て、山のふもとに立った。山は激しく燃え立ち、火は中天に達し、雲と暗やみの暗黒とがあった。主は火の中から、あなたがたに語られた。あなたがたはことばの声を聞いたが、御姿は見なかった。御声だけであった。主はご自分の契約をあなたがたに告げて、それを行うように命じられた。十のことばである。主はそれを二枚の石の板に書きしるされた……あなたがたは十分に気をつけなさい。主がホレブで火の中からあなたがたに話しかけられた日に、あなたがたは何の姿も見なかったからである。堕落して、自分たちのために、どんな形の彫像をも造らないようにしなさい。男の形も女の形も……主はあなたがたを取って、鉄の炉エジプトから連れ出し、今日のように、ご自分の所有の民とされた。」

（申命記四・10〜13、15〜16、20）

イスラエルの民が、神の偶像を拒否するのは、シナイ契約に忠実である限りにおいて彼ら自身が神の像だからである。すべての人は神の像に造られ、すべての人が神の像に回復するようにと神は望み、その回復をまずイスラエルの民から始めた。このことは申命記の別の箇所においても力強く語られる。

「あなたがたの神、主は、神の神、主の主、偉大で、力あり、恐ろしい神。かたよって愛することなく、わいろを取らず、みなしごや、やもめのためにさばきを行い、在留異国人を愛してこれに食物と着物を与えられる。あなたがたは在留異国人を愛しなさい。あなたがたもエジプトの国で在留異国人であったからである。」（申命記一〇・17～19）

解放の神学は、このような出エジプトやシナイの聖書箇所に私たちの目を向けさせる。これらの箇所は、イスラエル（あるいは私たち）が神はすべての造り主、支え主であると誉め称えるだけでは満足なさらないことを思い出させる。真の礼拝とは、神の召しに応えて神の贖いのわざに参加することを必ず含んでいる。申命記一〇章17節のような箇所から文脈を無視した神のイメージを心に抱くことはいたってたやすい。宇宙の全能の支配者、偉大で、力あり、いつも正しい恐るべき神といったイメージである。しかし、心に抱く神のイメージも、もしそれがイミタチオ・デイ imitatio dei（ラテン語「神を真似ること」）に私たちを動かすのでなければやはり偶像になってしまう。これがモーセを通してイスラエルに与えられた、恵みに基づくシナイ契約から生じる責任である。

このことゆえに出エジプトとシナイの神は特にユニークな神である。神は恐るべきお方として、聖なる王座に住まわれるが、同時に貧しき者を愛し、正義のために苦闘される。神は万物の創り主として称えられることで満足することもできたはずであるが、そうはなさらなかった。この神の中の神、主の主は、王座から離れて、彼を必要とする人々のために行動を起こされる。より重要なことに、神はシナイ契約の民をご自身のもとに招かれる。それはあわれみと贖いのわざのため、神が飢えた者、失われ忘れられた者に抱いておられる関心を代表する者としての招きである。神は奴隷の身分からこの民イスラエルを起こして、神ご自身と責任を分かち合うパートナーとした。神はイスラエルの民が、神ご自身と同じように人道的であることを期待する。これが、アルベール・カミュが、その古典的な実存主義小説「ペスト」において、主人公リウー医師の口を借りて行った信仰に対する批判への、唯一適切な聖書的回答かもしれない。「医師は言葉を続け……『これは、あなたのような人には理解できることではないかと思うのですがね。兎に角、世界の秩序が死によって律しられている以上は、恐らく神にとって、人々が自分を信じてくれない方がいいかも知れないんです。そうしてあらん限りの力で死と闘った方がいいんです。神が黙している天上の世界に目を向けたりしないで(3)』」。

神が天上の世界で黙しておられるなら、カミュの疑問への答えは然りだろう。しかしながら神の物語は、その主役を、王座に座ったままのお方としてではなく、戦いにおいて人間の先頭に立つ正義の実行者として描く。それは、「まったき愛によって人間の側に立ち、人間の権利と力を世界に解き放つプロメテウス(4)」のような神である。

恵みと義務、贈り物と使命。これらはシナイの論理においては分かちがたく一体となっている。けれども、この恵みがイスラエルに与えられたのは、すべての国民のためであった。このシナイ契約において、神は恵み深くもご自身を代表する民を選び、選ばれた彼らは他の国民のための祭司の国となった。なぜなら、すべて造られたものは神のものだからである。

そして、神の意志はご自身が造り出したものすべてを贖い、回復させることである。

注

1 Robert Jewett, *Letter to Pilgrims: A Commentary on the Epistle to the Hebrews*(New York: Pilgrim Press, 1981), 68.

2 Buber, *I and Thou. trans.* Walter Kaufman (New York: Charles Scribner's Press, 1970), 96-97. 邦訳は、『我と汝』、六一頁。

3 Albert Camus, *The Plague*(New York: Modern Library, 1948), 117-18. 邦訳は、アルベール・カミュ、「ペスト・上」宮崎嶺雄訳、新潮文庫、一九五五年、一五七頁。

4 Jose Miguez Bonino, *Christian and Marxists*(Grand Rapids: Wm. B. Eerdmans Publishing Co., 1976), 108.

第14章　ダビデ「王さまをください」

神が人間と契約を結んで共に働こうとされる熱意において、ダビデの物語とそれに先立つサウルの物語にまさるものはない。聖書は、ダビデの位を永久に堅くするという神の約束を証しする（Ⅱサムエル七・16）。けれどもイスラエルに人間の王を与えることは、本来はまったく神の意図ではなかったとは皮肉である。イスラエルが王を求める聖書の物語は、神のこのような妥協する力（英語の compromise は 字義通りには promise together with、「互いに約束する」の意）を示す例を他にも含んでいる。妥協する神！　しかし、神のこの妥協は、ご自分の民を贖うためのものであった。

第一に、イスラエル人が預言者サムエルに「ほかのすべての国民のように、私たちをさばく」（Ⅰサムエル八・5）王を求めて騒ぎ立てると、神は悲しみながらもその要求を認めた。実は神は、人々の望みに対してサムエルよりも寛大である。

「『この民があなたに言うとおりに、民の声を聞き入れよ。それはあなたを退けたのではなく、彼らを治めているこのわたしを退けたのであるから。わたしが彼らをエジプトから連れ上った日から今日に至るまで、彼らのした事といえば、わたしを捨てて、ほかの神々に仕えたことだった。そのように彼らは、あなたにもしているのだ。今、彼らの声を聞け。ただし、彼らにきびしく警告し、彼らを治める王の権利を彼らに知らせよ。』」

（Iサムエル八・7～9）

サムエルは王が圧政をしき重税を課して、庶民を死ぬほどの目に合わせることを教えて、「その日になって、あなたがたが、自分たちの選んだ王ゆえに、助けを求めて叫んでも、その日、主はあなたがたに答えてくださらない」（Iサムエル八・18）と警告した。聖書は明らかに権力が腐敗し得ることと、一人の人間の手に大きすぎる政治力がゆだねられるなら、そこにはいつも人間の生活と社会が破壊される危険性があることを教えている。それにもかかわらず神は、斥けられた王であることに甘んじて人々の願いを聞き入れて言われる。「彼らの言うことを聞き、彼らにひとりの王を立てよ」(22節)と。

神がイスラエルの民と共に働かれるのは、契約を真剣に考えておられるからである。契約において神はパートナーであるイスラエルを本当に真剣に扱われる。神は人間との関係を実のあるものにしようとされる。一般にキリスト教神学は、王制の物語に描かれている神の妥協する能力については、ほとんど何も触れてこなかった。けれども神のこの能力はこれらの物語が語る大切な真理の一つである。

契約の民の最初の王としてサムエルがサウルを任命したときから、神と政治のもつれた問題が始まる。神学者は深遠な天上界の推測にふける傾向があるが、イスラエルの神は契約の神である。そして契約によって歴史に関わることは、汚れ仕事に手を染めざるを得なくなることである。契約の神は、人間の生活のすべての局面に入り込む。個人的、社会的、文化的、そして政治的側面や、決断あるいは決断しないこと、思い巡らすこと、愛すること、恐れることなど、人間が他とのあらゆる関係のうちに、神は真の双方向の関係をもって関与される。宇宙の創り主にして支え主は、身を低くして私たちの間に住まわれる。その私たちは神の像に造られながら、同時にちりでできたみじめな生き物でもある。ソロモンが神殿の献堂の祈りの中で驚きをもって叫んだように「天も、天の天も」聖なるお方を「お入れすることはでき」

ないにもかかわらず、神は「人間とともに地の上に住まわれる」のである（Ⅱ歴代六・18）。

サウルが王として任命された後で神の目に適わないものになっていく悲劇は、歴史の中で働かれる神のさらなる姿を描く。「そのとき、サムエルに次のような主のことばがあった。『わたしはサウルを王に任じたことを悔いる。彼はわたしに背を向け、わたしのことばを守らなかったからだ』」（Ⅰサムエル一五・10〜11）。しかし同じ章で、続いてサムエルは続いてサウルに、「実に、イスラエルの栄光である方は、偽ることもなく、悔いることもない。この方は人間ではないので、悔いることがない」と言う（29節）。多くの翻訳者たちは、神は悔いるが悔いない、というこの明らかな矛盾を柔らげようと試みている。しかしどちらの箇所も同じヘブル語の動詞を使っているという事実は消しようがない。11節を「悲しむ」、29節を「取り消す」とする訳もあって確かに解釈の助けにはなるが、それほど直ちにパラドックスを取り繕うべきでないだろう。「後悔するが後悔しない方」という緊張を含んだ神のイメージは、神が世界で私たちの贖いのために働かれるときに神ご自身の中から生まれ出てくるからである。

預言者サムエルがサウルに言ったことは、聖書の根本的な真理である。神は偽らない。神は移り気でない。契約が信用できるのは、神が完全に信頼できるお方だからである。神は、被造物に対して計画と目的をもっておられ、お定めになったゴールをめざして努力され、それをなし遂げる決心を緩めることをされない。この重要な点において神は悔いることがないお方である。

他方で神は、移り気でしばしば当てにならない人間と契約を結んで、贖いのみわざのパートナーとされた。神はこの世界を贖うという目的を変えることはされないが、あらかじめ詳細に定められたマスター・プランに奴隷のように縛り付けられていなければ目的を達成できないようなお方ではない。神は人間とともに、人間のうちに、そして人間を通して働かれる。そして、神は目指すゴールをあきらめる（repent は字義通りには「顔をそむける」の意。同時に後悔するの意も持つ）ことはなさらないが、もし人間がつくり出す状況が必要とするなら、一つの行動計画から別の計画へと移ることはなさる。サウルの場合がちょうどそうであった。世界とのこのような双方向の関係をもつことは、前もって決められた、変更の可能性がない計画に従うことよりも、はるかに豊かな創造性が神の側に求められることになる。

したがって神の意志は、永遠に変わることがない宣告ではない。むしろ神は契約に基づいて世界と（創世記九・9～17）、そして特に神の民と共に働く中で、そのときどきに可能な最善を選びつつ、全被造物にシャロームをもたらすというゴールを目指す。神の意志は人の決断や応答によって、しばしば妨害されたり変更を余儀なくされる。私たちが何を考え、何をなし、何を祈るかは、神にとって実際に重要なことなのである。もちろん神には脅えたり、失意に打ち負かされるということはない。神は創造力にあふれ柔軟性に富んでおられるから、人の罪や反抗に出会うときには、ご計画を変更することがおできになる。

現代の神学者ジョン・コッブは以上のことを次のように表現している。「神はすべての瞬間において、その瞬間に与えられた世界と共に、その世界に対してお働きになる(1)」。「与えられた世界」という言葉は、「何が、あるいは誰が世界を神に『与えた』のか」という疑問を呼び起こすかもしれない。聖書によれば、神が造り支えている世界の「他者性」、とりわけ人間の決断の「他者性」がその答えである。

世界と歴史と神のこのような関係は、明らかに「予言」についての通俗的な理解とは一致しない。そこでは、神は未来のすべての出来事を精密に計画ずみだとされている。けれども聖書の預言はこれとは異なる。聖書の預言は、遠い将来の出来事についてよりも、神の民の現在の歴史的な状況や差し迫った境遇に関することが圧倒的に多い。サウルの手から神が王国を奪われたときのサムエルの預言は、そのよい例である。

「主は主の御声に聞き従うことほどに、
全焼のいけにえや、その他のいけにえを喜ばれるだろうか。
見よ。聞き従うことは、いけにえにまさり、
耳を傾けることは、雄羊の脂肪にまさる。」（Ｉサムエル一五・22）

もし詳細な未来のすべてを決めておられる方という通俗的な神の概念が正しければ、犠牲は従うことよりもよいことになる。私たちの従順も不従順も結局は幻想にすぎないとすれば、たいしたことではなくなってしまうからだ。神の意志への従順も、なんの価値もなくなってしまう。そうなれば、単に礼拝の犠牲を捧げて神が次にすることを見守るに限る。けれどもやはり、従うことは犠牲にまさる。なぜなら、神は歴史を作るパートナーとして人間を選ばれたからだ。神の贖いの意志に対して、人間の側でできる協力が従順である。そして私たちの欲望や不従順は、実際に神のみわざを妨げるのである。それゆえサウルがヤハウェの言葉を拒否したとき、神はサウルが王であることを拒否して、ダビデを用いる新しい進路に向かわれた。

イスラエルに人間の王を立てることは神の初めの意図ではなかったが、神は妥協してサウ

ルを王にされた。次に神はサウルを選んだことを悔いてダビデに転じた。このダビデと神の関係を見るとき、さらに驚くべき神の姿に気づかされる。それは人間の弱さと共に、人間の弱さを通して働かれるへりくだった姿である。ダビデの弱点や失敗は、彼の不屈の情熱と同様によく知られているからここでは取り上げない。かわりに、この章のテーマである歴史のきまぐれに立ち向かう契約の神の柔軟性を物語るエピソードを取り上げよう。それはヤハウェの神殿を建築することに対するダビデの熱意である。

あらゆる敵に勝利したダビデ王は預言者ナタンにこう言った。「ご覧ください。この私が杉材の家に住んでいるのに、神の箱は天幕の中にとどまっています」（Ⅱサムエル七・2）。しかし、ナタンへの神の言葉は、ダビデの考えをまったく裏切るものであった。

「行って、わたしのしもべダビデに言え。主はこう仰せられる。あなたはわたしのために、わたしの住む家を建てようとしているのか。わたしは、エジプトからイスラエル人を導き上った日以来、今日まで、家に住んだことはなく、天幕、すなわち幕屋にいて、歩んできた。わたしがイスラエル人のすべてと歩んできたどんな所ででも、わたしが、民イスラエルを牧せよと命じたイスラエル部族の一つにでも、『なぜ、あなたがたはわたしのために杉材

の家を建てなかったのか』と、一度でも、言ったことがあろうか。」（Ⅱサムエル七・5〜7）

さらに神はダビデが神のための家を建てるかわりに、神が「あなた（ダビデ）のために一つの家を造る」と宣言する（Ⅱサムエル七・11）。そして「あなたの家とあなたの王国とは、わたしの前にとこしえまでも続き、あなたの王座はとこしえまでも堅く立つ」（七・16）とも。ふたたび、政治的支配と神の選びの間の緊張が起こる。神は、ダビデの家の統治を祝福し、その統治を支えることを望まれる。けれども神は、目に見える記念物を建てて、現体制こそが神の意志であることを示そうというダビデの計画には興味をお持ちにならない。ナタンを通しての神の言葉は、神が自由に動き回ることを好まれることを教える。「わたしは天幕をすまいとして歩んできた！」。人間と契約を結ぶためには、神の側に柔軟性が必要とされる。神の完全な祝福を受けると決め込んだ硬直した威圧的な政権は神のみこころではない。ナタンへの言葉はすべてのものの創り主、支え主が神殿よりもテントを好まれることを示している。

ところが、ここでまたもや神はダビデに妥協される。神殿建築は神の命令ではなくダビデのアイデアである。けれども神は預言者ナタンを通して、ダビデの息子が神殿を建築すると言われる。「あなたの子ソロモンが、わたしの家とわたしの庭を建てる。わたしが彼をわたしの子として選び、わたしが彼の父となるからだ」（I歴代二八・6）。そして、ダビデは死ぬ前に、神殿の建築に先だって奉献の祈りをする特権を与えられた。その祈りには、イスラエルの最もすばらしい詩人の実力のほどが表れている。

「私たちの父イスラエルの神、主よ。あなたはとこしえからとこしえまでほむべきかな。主よ。偉大さと力と栄えと栄光と尊厳とはあなたのものです。天にあるもの地にあるものはみなそうです。主よ。王国もあなたのものです。あなたはすべてのものの上に、かしらとしてあがむべき方です……

まことに、私は何者なのでしょう。私の民は何者なのでしょう。このようにみずから進んでささげる力を保っていたとしても。すべてはあなたから出たのであり、私たちは、御手から出たものをあなたにささげたにすぎません。私たちは、すべての父祖たちのように、あなたの前では異国人であり、居留している者です。地上での私たちの日々は影のようなもので、望みもありません。」（I歴代二九・10～11、14～15）

ダビデは、神に依存する限りある存在が、神のために神殿を建てようとすることの皮肉に気づいていた。なぜなら「すべてはあなたから出たのであり、私たちは、御手から出たものをあなたにささげたにすぎ」ないからである。けれども神は、限りある弱い契約のパートナーを通してみわざをなさることを喜ばれる。神はただ恵みによって私たちを探し出し、同労者として働きのために召してくださる。その私たちは、ダビデのイメージによれば、放浪者であり世界に一時的に住む借家人にすぎない。

さらに驚くべきことは、神自身が私たちと同じ寄留者、さすらい人となることを楽しまれることである。神は移動を好み、移動する存在であり続ける存在であることを好むが、それは王制、玉座、神殿といったものに代表される強固な政治制度と宗教の制度化に対するイスラエル人の願望と摩擦を起こすことになった。イスラエルが王を求めたことは、神に許されはしたけれども、神との契約がダイナミックであり続けることを脅かした。例えば、アブラハムの物語を、思い出してみよう。

冒険精神に富んだ神は、アブラハムを召して新しい贖いのわざをお始めになった。それは一切の人間的な安全から去って「行く」ことであり、過去とのすべてのつながりを絶つことであり、行く道の案内をまったく神にゆだねることであった（創世記一二・1）。現代社会は移動をそれほど苦にしないが、アブラハムの時代には自分の部族・種族や村は自分そのものであり、アブラハムにこれらのきずなを切断するように命じることは、ほとんど不可能というべき要求であった。冒険への神の召しは、アブラハムの地上でのきずなと安全を断ち切った。新約学者のロバート・ジュエットによれば「過去と慣れ親しんだ環境の確実性を後に、家族と国の絆を断ち切って、未知へと勇敢に突入するためには、成熟と創造性が必要である……したがって、信仰者とは巡礼者である。彼らは安全の幻想を断固として断ち切り、勇敢に未知へと突き進むのだ」[2]。

神ご自身も未来へ勇敢に進まれ、そしてアブラハムに未知へと従ってくるように招かれる。そこにはいかなる地図もない。ただ、神が導かれるという約束だけがある。しかし、アブラハムは神の約束だけを頼みに、彼の心地よい生活から放浪の生活へと「出て行」った（ヘブル一一・8）。クリスチャン最初の殉教者ステパノは石打ちを招くことになったスピーチで「そこで、アブラハムはカルデヤ人の地を出て、ハランに住みました。そして、父の死後、神は彼をそこから今あなたがたの住んでいるこの地にお移しになりましたが、ここでは、足の踏み場となるだけのものさえも、相続財産として彼にお与えになりませんでした」（使徒の働き七・4〜5）と語った。神は、ただ約束しか与えず、そして、アブラハムは、ヤコブやイサクと同様に、ただその約束のみに生きた。彼らはテントに住んだ。それはいつでもすぐにテントをたたんで、彼らの神、放浪の神の後を追うためであった。

神のこの移動性への好みは、始まったばかりのイスラエルの信仰にとって、重要なものとなった。彼らの最も初期の信条の一つは、こう始まる、「私の父は、さすらいのアラム人でした」（申命記二六・5）。これは、遊牧民ヤコブについて述べたものである。ところが宮殿に住む王をイスラエルが望み、そして王が神と自分の支配の記念物を建築することを望んだ結果、「あなたがたはわたしのもとに居留している異国人である」（レビ記二五・23）というイスラエルへの神の召しのダイナミズムは失われることになった。

神がご自分の世界においてさすらいの放浪者であるということがいぶかしく思えるなら、ダビデ契約の更新と成就がナザレのイエス、「ダビデの子」（マタイ一・1）において起こったことを思い出すがよい。このダビデの子が王にもっとも近い扱いを受けたのは、エルサレムへの即席のロバ・パレードの指揮官としてであった（マタイ二一・1～11）。ヨハネの福音書はこのことを、もっとも絵画的に感動的なイメージで描く。ダビデの子は、まさに神の「ことば」であり、そして神である「ことば」は、この世に来たが知られず、受け入れられず、歓迎されなかった（ヨハネ一・1、10～11）。そんな神の啓示は、ヘブル人への手紙のいう「永遠の都」

（一三・14）を築こうとするいかなる体制をも脅かす。神のための神殿を建設したいというダビデの願望は、動かない神を望む人間の典型的な願望、神殿に閉じこめることができる動くことのない神への私たちの願望を物語る。王制へのイスラエルの願望は、皮肉にも神の支配を願うよりも神を支配しようとする試みであった。主イエス自身が神の国をもたらしたときに当時の宗教機構と政治機構から受けた扱いは、神殿に神を飼いならそうとする人間の頑なさをよく表わしている。

アブラハム、イサク、ヤコブの放浪の神に神殿を献げようとするダビデの祈りは、実に皮肉なものだった。なぜなら私たち人間は神の前に寄留者であるばかりではなく、神と共に寄留者となるように招かれているからである。宇宙の創造者は、いかなる住処をも必要とされず、望まれない。この真実は後に神殿は破壊されたが、神は破壊されなかったときにいっそう明らかになる。神は進み続ける。そして私たちはイスラエルの古代の信条をこう言いかえることができる、「われわれの父なる神はさすらいの神である」と。

注

1 John B. Cobb Jr., *God and the World* (Philadelphia: Westminster Press, 1969), 91.

2 Jewett, *Letter to Pilgrims*, 200, 201

第15章　預言者たち「熱情の神」

神とイスラエルの関係は親密になったり疎遠になったりを繰り返すが、その関係の核にあるものは、かつてはトーラーであった。敬虔なユダヤ人の大部分にとっては今もそうである。トーラーはシナイ山でモーセに与えられ、日常の道徳、行動、衛生、犠牲の儀式、家族制度と社会制度などイスラエル人の生活のすべての局面におよんでいた。イスラエル社会におけるトーラーの中心性は、やがてエルサレムの壮麗な神殿によって象徴されるようになる。そこはイスラエル社会において、モーセという人物が象徴する祭司制の聖なる中心となった。

しかし、トーラーは、ダビデという人物が象徴するイスラエルの王制においても、また中心であった。聖書によれば、イスラエルの王としての役割を正しく果たそうとする者は、シナイでの契約に具体的に示された神の意志に従順でなくてはならない（申命記一七・18〜20）。律法は、王をへりくだらせ、他の者と等しくあらしめるものであった。王は「自分の手もとに置き、一生の間、これを読まなければならない。それは、彼の神、主を恐れ、このみおしえのすべてのことばとこれらのおきてとを守り行うことを学ぶためである。それは、王の心が自分の同胞の上に高ぶることがないため、また命令から、右にも左にもそれることがなく、彼とその子孫とがイスラエルのうちで、長くその王国を治めることができるためである」(19〜20節)。言いかえれば、ダビデの王座を祝福するという神の契約と約束には条件があったのである。

祭司制と王制は両者とも、トーラーが与えられたことに起源を持つにもかかわらず、イスラエル人はしばしばこれらの制度そのものに権威があり、神の好意の保証だという考えに陥った。人間はともすると宗教的な権威者と一体感を持つことによって神との十全な関係が保証されたと思いたがる。しかしトーラーの目的はこの傾向によって著しく損なわれてしまう。トーラーの目的とは神がイスラエルの民に近づかれるための通路となることである(申命記三〇・11〜16)。

イスラエルと神の関係を繰り返し脅かすこの傾向に対抗することが、神の物語において預言者たちが果たす役割である。ヘブルの預言者たちは、それぞれ異なる時代に異なるメッセージを語ったが、みな神の臨在のうちに生き、そして語った。預言者たちは神をはっとするほど近く感じた。そして彼らはすべてのユダヤ人もまた神の前に立っていると確信した。神の契約の共同体の仲間と共に、けれども同時に個人個人が神に対して応答する責任をもって立っているのである。たとえば、預言者ミカは、祭司制に一連の疑問を投げかけた。

「私は何をもって主の前に進み行き、いと高き神の前にひれ伏そうか。全焼のいけにえ、一歳の子牛をもって御前に進み行くべきだろうか。主は幾千の雄羊、幾万の油を喜ばれるだろうか。私の犯したそむきの罪のために、私の長子をささげるべきだろうか。私のたましいの罪のために、私に生まれた子をささげるべきだろうか。」

ミカ自身の答えは、預言書のうちの古典ともいえるものである。

「主はあなたに告げられた。人よ。何が良いことなのか。主は何をあなたに求めておられるのか。それは、ただ公義を行い、誠実を愛し、へりくだってあなたの神とともに歩むことではないか。」（ミカ六・6～8）

預言者たちは神の凄まじい臨在を感じていたから、多くの預言は雷鳴の響きのような「主は言われる」で始まっている。この臨在ゆえに彼らはイスラエルの王たちをこらしめ（例えばⅠサムエル一三・13〜14）、イスラエルの祭司たちに挑戦することができた（例えばエレミヤ一・18）。この神の臨在の感覚は、預言者たちによって通常は「主の言葉」と表現されるが、ときに「主の霊」とも言われた。この霊はイスラエルの歴史の中に働く神の救いのわざを解釈するために必要なインスピレーションを預言者たちに与えた。

イスラエルの歴史の中で預言者たちほど、たえずユダヤの民を神に対する忠誠へと招き続けた者はいない。神はまずトーラーにおいて、さらにその後のイスラエル共同体の歴史の中にご自身を啓示された。預言者たちは、彼らを通して神がイスラエルにお語りになったという点で、神の特別なパートナーであったが、彼らのメッセージ自体が神との契約のパートナーシップを語るものであった。神は民との誠実な関係を求めてやまない。そしてこの関係が祭司制と王制が空しい形式的な儀式へと向かう傾向を断ち切る。このことの最も力ある預言のひとつがイザヤ五八章である。民は初めは、「彼らは日ごとにわたしを求め、わたしの道を知ることを望んでいる」、それも「義を行い、神の定めを捨てたことのない国のように」（五八・2）

望んでいるように見える。けれどもこの民は一応「神に近づくことを望んでいる」（五八・2）ものの、実際は神の恵みがイスラエルにも自分たちの日常生活にも不足しているという不満を抱いて言う。「なぜ、私たちが断食したのに、あなたはご覧にならなかったのですか。私たちが身を戒めたのに、どうしてそれを認めてくださらないのですか」と（五八・3）。預言者を通しての神からの答えは実に衝撃的である。

「わたしの好む断食、人が身を戒める日は、このようなものだろうか。葦のように頭を垂れ、荒布と灰を敷き広げることだけだろうか。これを、あなたがたは断食と呼び、主に喜ばれる日と呼ぶのか。わたしの好む断食は、これではないか。悪のきずなを解き、くびきのなわめをほどき、しいたげられた者たちを自由の身とし、すべてのくびきを砕くことではないか。飢えた者にはあなたのパンを分け与え、家のない貧しい人々を家に入れ、裸の人を見て、これに着せ、あなたの肉親の世話をすることではないか……そのとき、あなたが呼ぶと、主は答え、あなたが叫ぶと、『わたしはここにいる』と仰せられる。もし、あなたの中から、くびきを除き、うしろ指をさすことや、つまらないおしゃべりを除き、飢えた者に心を配り、悩む者の願いを満足させるなら、あなたの光は、やみの中に輝き上

り、あなたの暗やみは、真昼のようになる。」（イザヤ五八・5〜7、9〜10）

圧迫され疎外されている者への神の関心は、イザヤ五八章だけでなく預言書全体を貫く主要なテーマである。アモスの「公義を水のように、正義をいつも水の流れる川のように、流れさせよ」（五・24）という詩的な趣を帯びた叫びは、二千五百年後、アメリカでマーチン・ルーサー・キング・ジュニアと公民権運動のスローガンになり、今も預言者のメッセージを真剣に聞こうとする者の耳に鳴り続けている。アブラハム・ヘッシェル、二十世紀のユダヤ人宗教哲学者でありキングと腕を組んで六十年代の多くの公民権デモを導いた人物は、預言者の力は「神の熱情（パトス）」、神の痛みを共有することにあるとした。ヘッシェルは言う。「神がこころの琴線に触れられて感動しうる方であるということ、神が知性と意志だけではなく感情（パトス）をも持つ方であるというこうした神観は、預言者的神意識を根本的に規定している(1)」。ヘッシェルによれば預言者とは神の熱情、苦しむ者への神のあわれみ（英語のcompassion は字義通りには、「他者の痛みを共に味わう」の意）を共有することができるようにされた者だと言う。だから単なるヒューマニズムではなく、神ご自身のあわれみが、預言者を社会的、経済的な正義に駆り立てるのである。この神の熱情を共有したために、預言者たちはイスラエルの宗教・政治・社会の問題に取り組んだ。彼らは単に神に似た視点をもっただけではなく神の心をもってこの取り組みに臨んだのである。現代ドイツの神学者ユルゲン・モルトマンは、ヘッシェルを引用して書いている。「預言はそれゆえ、その本質においては変わることがない運命として何が未来に予定されているかや、救済に関わる神の予定をのぞき見ることではない。預言の本質は、現在における神の熱情、イスラエルの不服従によって引き起こされた神の苦悩、そしてこの世界における正義と誉れに対する神の情熱である……預言の中心にあるのは、神は苦しむことをいとわないほどに、この世界に関心を持っているという確信である(2)」。

神の熱情の力はホセアの預言において最も視覚的な表現を与えられている。売春婦ゴメルのためのホセアの生涯と愛は、神が民のために受けた苦悩を示す譬《たと》えとなった（ホセア一・2、三・1）。ここでも私たちは、正義（四・1〜3）への典型的な預言者の呼びかけ、そして異教の慣習への断罪を見る。けれどもその非難は、民に対する神の忍耐強く優しい愛に根ざしている。

「イスラエルが幼いころ、わたしは彼を愛し、わたしの子をエジプトから呼び出した。
それなのに、彼らを呼べば呼ぶほど、彼らはいよいよ遠ざかり、バアルたちにいけにえをささげ、刻んだ像に香をたいた。それでも、わたしはエフライムに歩くことを教え、彼らを腕に抱いた。しかし、彼らはわたしがいやしたのを知らなかった。わたしは、人間の綱、愛のきずなで彼らを引いた。わたしは彼らにとっては、そのあごのくつこをはずす者のようになり、優しくこれに食べさせてきた。」（ホセア一一・1～4）

ホセアが神の苦悩を共有することができたのは、ゴメルに対するホセア自身の悲劇的な愛ゆえであった。

「エフライムよ。わたしはどうしてあなたを引き渡すことができようか。イスラエルよ。どうしてあなたを見捨てることができようか。どうしてわたしはあなたをアデマのように引き渡すことができようか。どうしてあなたをツェボイムのようにすることができようか。わたしの心はわたしのうちで沸き返り、わたしはあわれみで胸が熱くなっている。わたしは燃える怒りで罰しない。わたしは再びエフライムを滅ぼさない。わたしは神であって、人ではなく、あなたがたのうちにいる聖なる者であるからだ。わたしは怒りをもっては来ない。」（一一・8～9）

ホセアの預言は、魅惑的と言ってもよいほどの神の求愛をもって結ばれる。

「エフライムよ。もう、わたしは偶像と何のかかわりもない。わたしが答え、わたしが世話をする。わたしは緑のもみの木のようだ。あなたはわたしから実を得るのだ。」

（ホセア一四・8）

ホセアは他のどの預言者にもまさって神と共に働いた。そして神のスポークスマンとして、契約のパートナーであるイスラエルに対して神が抱いておられる熱情を語った。もちろんホセア以外の預言者たちもみな、神との契約においてイスラエルが過去に犯した過ちを深く認識していた。それが預言者たちにとって神の熱情を体験する出発点であったとも言える。イスラエルは貞節な結婚の伴侶ではなかった。そのようにイスラエルの心が神かられていくことの結果としてイスラエルの国は政治的な悲劇に陥っていく。預言者たちによればそれは神の審きである（例えばハバクク書は短いながらイスラエルの歴史的な状況のすばらしい洞察である）。ホセア、エレミヤ、イザヤを通して、神は決してその民を棄てないでついには彼らをシャロームに回復すると言う約束が与えられていた。そうであっても、民がふたたび不服従に陥り契約に背いて、さらなる破壊と捕囚を招く可能性はいつもあった。民がふたたび落ちていくのは、何をもって防ぐことができるのだろうか。

預言者エゼキエルとエレミヤの心につきまとっていたのはこの疑問であった。答えはイスラエルとの契約をあきらめることができない神の熱情にあった。神は驚くべき恵みによって新しいことをなさろうとしておられたのである。

「(捕囚のユダヤ人を約束の地にお集めになった後に) わたしがきよい水をあなたがたの上に振りかけるそのとき、あなたがたはすべての汚れからきよめられる。わたしはすべての偶像の汚れからあなたがたをきよめ、あなたがたに新しい心を与え、あなたがたのうちに新しい霊を授ける。わたしはあなたがたのからだから石の心を取り除き、あなたがたに肉の心を与える。わたしの霊をあなたがたのうちに授け、わたしのおきてに従って歩ませ、わたしの定めを守り行わせる。あなたがたは、わたしがあなたがたの先祖に与えた地に住み、あなたがたはわたしの民となり、わたしはあなたがたの神となる。」

(エゼキエル三六・25〜28)

エレミヤもまた「イスラエルの家とユダの家とに、新しい契約」が立てられる幻を見た。その契約は石にしるされたのではなく、「わたしはわたしの律法を彼らの中に置き、彼らの心にこれを書きしるす。わたしは彼らの神となり、彼らはわたしの民となる」（エレミヤ三一・31、33）とある。エゼキエルもエレミヤも契約が実を伴った本物になることを神が熱望しておられることを明らかにした。彼らはそのために、「イスラエルが神の民となり、ヤハウェが彼らの神となる」と繰り返し語っている。本物の契約は神の霊の力によって、新しい肉の心（痛みに対する感受性あるいはあわれみと言ってもよいだろう）が作り出されることによって可能になる。この肉の心には神ご自身によってトーラーが記されている。つまり神が預言者たちに「神の熱情」の賜物を分け与え、そしてこの賜物がすべてのイスラエル人に分け与えられるのである。その時、イスラエルは真に祭司の国、諸国民の光になることができる。神がシナイ契約の初めに計画された通りである。「わたしの聖所が永遠に彼らのうちにあるとき、諸国の民は、わたしがイスラエルを聖別する主であることを知ろう」（エゼキエル三七・28）。

預言者たちはさらに、神の恵みの賜物は、ついにはイスラエルの境界を超えて、非ユダヤ人の世界に達することさえ垣間見ている。イザヤは神によって選ばれ、霊によって任命された主のしもべについて述べている。主のしもべは「国々（非ユダヤ人）に公義をもたらす」。彼は、「……地に公義を打ち立てる。島々も、そのおしえを待ち望む（イザヤ四二・1、4）。後にイザヤはこのしもべについて、こうも述べている。

「ただ、あなたがわたしのしもべとなって、ヤコブの諸部族を立たせ、イスラエルのとどめられている者たちを帰らせるだけではない。わたしはあなたを諸国の民の光とし、地の果てにまでわたしの救いをもたらす者とする。」（イザヤ四九・6）

神と非ユダヤ人との関係について、イザヤはまた想像を絶するような預言をする。イスラエルの伝統的な敵であり、深く憎まれ恐れられていた民が、しもべ仲間となり神の家族の兄弟となると言うのである。「その日、イスラエルはエジプトとアッシリヤと並んで、第三のものとなり、大地の真ん中で祝福を受ける。万軍の主は祝福して言われる。『わたしの民エジプト、わたしの手でつくったアッシリヤ、わたしのものである民イスラエルに祝福があるように』」（イザヤ一九・24〜25）。預言者はこのように、イスラエルが諸国民のために神を代表する民であることを再び思い出させる。これはいやいや遣わされた宣教師ヨナの神学的物語の主要なテーマでもある。

もちろん、クリスチャンは、この預言の成就を、あるいは少なくとも成就の始まりを、神が任命されたしもべイエスの到来に見る（マタイ一二・18～21、使徒の働き四・24～30）。パウロはイザヤを引用して、主イエスは「……異邦人を治めるために立ち上がる方」であり、「異邦人はこの方に望みをかける」（ローマ一五・12）と書く。アブラハム、イサク、ヤコブの神への信仰は、イエス・キリストにおいて、まったく前例がない驚くべき方法でイスラエルの境界を跳び越えた。イエスとその血によって証印を押された新しい契約を通して、私たち「肉において異邦人」であり、かつては「イスラエルの国から除外され、約束の契約については他国人であり、この世にあって望みもなく、神もない人たち」が、今はイスラエルの神に「近い者とされた」（エペソ二・11～13）。シナイでのビジョンとゴール、すなわちイスラエルが祭司の国、諸国民の光になることは、キリストにおいて実現した。神の霊は神の熱情を預言者同様、イスラエルに分け与える。そしてキリストを通して、この約束の神の霊が私たちに与えられる。しかし私たち異邦人は、この賜物を当然のように考えてはならない。むしろ、私たちは、ご自身をすべての人々に分け与えようと望まれる神の驚くべき恵みを感じるべきである。ペテロの異邦人への初めての説教、非ユダヤ人のコルネリオと彼の家族への説教のときに、彼らに聖霊が与えられたことは特筆に値する。「割礼を受けている信者で、ペテロといっしょに来た人たちは、異邦人にも聖霊の賜物が注がれたので驚いた」(使徒の働き一〇・45)。

けれども預言者の幻がキリストの到来によって成就したことを喜び、特にエレミヤとエゼキエルの預言が神の霊の注ぎによって成就したことを喜ぶときにも、これらの預言は、まず第一にイスラエルの民と神との契約を念頭に置いていることを忘れてはならない。エゼキエルを通しての神の約束は、トーラーが確立され布告されることと、アブラハム、イサク、ヤコブに約束された国に住むことの両方に言及している。だからキリストにある新しい契約によって私たちにもたらされた宇宙の神とのパートナーシップを喜ぶときも、神はエレミヤ書にあるように、イスラエルとユダの家と結ぶ新しい契約、すなわちトーラーが打ち捨てられるのではなく人々の心にしるされることを約束しておられることを思い出すべきである。

第四部をしめくくるにあたり、神の物語におけるユダヤ人の役割について、エレミヤが新しい契約のかなたを見渡して預言する言葉に耳を傾けることにしよう。

「主はこう仰せられる。主は太陽を与えて昼間の光とし、月と星を定めて夜の光とし、海をかき立てて波を騒がせる方、その名は万軍の主。『もし、これらの定めがわたしの前から取り去られるなら、――主の御告げ――イスラエルの子孫も、絶え、いつまでもわたしの前で一つの民をなすことはできない。』主はこう仰せられる。『もし、上の天が測られ、下の地の基が探り出されるなら、わたしも、イスラエルのすべての子孫を、彼らの行ったすべての事のために退けよう。――主の御告げ――……。』」（エレミヤ三一・35～37）

注

1　Abraham Joshua Heschel, *The Prophets* (New York: Harper and Row,1962), 233. 邦訳は、『イスラエル預言者・下』A・J・ヘッシェル著、森泉弘次訳、教文館、二〇〇四年、一五頁。

2　Jurgen Moltmann, *The Crucified God* (New York: Harper and Row,1973), 271. 英訳からの訳者による訳。邦訳として喜田川・土屋・大橋訳『十字架につけられた神』新教出版社、一九七六年がある。当該部は三七二頁。

■第四部（第11章〜第15章）ディスカッション・リーダーのためのガイド

聖書における最初の契約は、ノアの洪水の後に現れる。「さあ、わたしはわたしの契約を立てよう。あなたがたと、そしてあなたがたの後の子孫と。また、あなたがたといっしょにいるすべての生き物と。鳥、家畜、それにあなたがたといっしょにいるすべての野の獣、箱舟から出て来たすべてのもの、地のすべての生き物と」（創世記九・9〜10）。もちろん契約は「すべて肉なるものは、もはや大洪水の水では断ち切られない。もはや大洪水が地を滅ぼすようなことはない」（九・11）という神の約束に基づいている。

この契約が何を意味するのかを考えよう。神の契約や約束は、世界を破壊するためではなく、守るためである（八・22）。人のはなはだしい罪にも係わらず神はそうなさる（八・21）。神は自ら進んで、全ての被造物とパートナーシップを結ばれる。全ての被造物と共に住み、私たちを含む全ての被造物と共に生きることを望んでおられるからである。

この契約によって、神が約束したのは、洪水によっては世界を滅ぼさないということだけだという解説をよく聞く。そして、神はやがて、洪水ではなく、火によって世界を滅ぼされるのだと。これについてはどうだろうか？「わたしは雲の中に、わたしの虹を立てる……虹が雲の中にあるとき、わたしはそれを見て、神と、すべての生き物、地上のすべて肉なるものとの間の永遠の契約を思い出そう」（九・13、16）にある契約のしるしについても語り合おう。聖書と科学の間の興味深い関係について考えるチャンスである。虹の起源についてのこの古代の物語をどのように受け止めるべきなのだろうか？　虹が現れたのは、大雨の後であったことを忘れないようにしよう。このことは、神が全被造物との間に結んだ契約に表れた愛と切り離すことができないのではないだろうか？

〈ディスカッションのための設問〉

1　聖書の神が、契約を結ぶ神であることについて語り合おう。

2　そのことは、神の民である私たちにとってどんな意味を持つのだろうか？

3　「それで主は、地上に人を造ったことを悔やみ、心を痛められた」（六・6）について考えよう。神が「悔やみ」、「心を痛め」るとするなら、神の全知をどのように理解したらよいのだろうか？　未来に対する神の知識についてはどうだろうか？

4　旧約聖書における最も重要な契約は、イスラエルとのシナイ契約である。この契約は今も有効だろうか？　もし、有効でないなら、なぜそう考えるのか？（ローマ九・4～5、一一・1）。

5　聖書は「あなたの隣人をあなた自身のように愛せよ」「殺してはならない」「悪をもって悪に報いてはならない」といった命令に満ちている。このことは、神について、私たちについて、神と被造物の関係について何を教えているだろうか？

マイケル・ロダール来日講演（２０１２年10月25日　関西聖書神学校）

・人は神のかたちに造られている

――創世記一～二章とクルアーン

・イエス・キリストこそが神のかたち

――「わたしが弟の番人でしょうか」

人は神のかたちに造られている――創世記一～二章とクルアーン

こうしてお招きくださったことは、私にとって大きな喜びであり、特権である。心から感謝したい。

今日のテーマは、私が長年研究してきたものである。そのテーマというのは、聖書にある「私たち人類はある特定の目的あるいは使命のために、神によって創造され、招かれている」という主張である。その使命は、創世記一章に「神のかたち」と書かれているもの、もう少し正確には、「神を見せる」、「神を写し出す」、あるいは「神を反映する」とでも呼ぶべきものである。人がこの使命への召しに応えて生きるなら、この「神を見せる」あるいは「神を写し出す」ことが、この被造世界の中で実現する。少なくとも、実現するはずである。この使命は、物質からなるこの世界での私たちの毎日の現実の生活におけるものであることに目を留めたい。それは、神が、ご覧になって繰り返し「よし」とされた世界である。

今日はこのテーマを、聖書とクルアーンを比較することによって見ることにする。これについては、『神の物語』の中で、とても簡単に触れておいた。この機会に、皆さんの前で、大頭眞一牧師に感謝を表したい。大頭牧師は多くの時間を献げてあの本を翻訳し、美しい本にしてくれた。私には日本語がわからないが、少なくとも装丁のすばらしさは感じることはできる！　あの本の第7章「神のかたちである人間」に「神は他の生き物に名前をつけることを人間の理性、言語、工夫に委ね、途中で手出しをなさらなかった……クルアーンの創造の記事と比較するとその隔たりの大きさに気づかされる。クルアーンでは神が人間にすべてのものの正しい名前を教えたとある」（本巻・7章、一四六頁）と書いた。今日はこのことをもう少し詳しくお話しする。

その内容は、私のいちばん最近の著書『アブラハムをめぐって――聖書とクルアーンを並べて読む』の内容でもある。この本は、『神の物語』の延長といえるものだが、クルアーンを対話の相手としているところが新しい。みなさまの多くの方々もご存じのように、クルアーンには多くの聖書のできごとが登場するが、しばしばそのできごとや登場人物には大きな変更が加えられている。そのような変更がどのような神学的なちがいとなって現れるか、それがあの本のポイントである。例えば創世記18章で、アブラハムはソドムとゴモラを滅ぼそうとする神の計画に対して神の公正さに訴えようとして言う。「もしや、その町の中に五十人の正しい者がいるかもしれません。正しい者を悪い者といっしょに殺すのですか？　全世界をさばくお方は、公義を行うべきではありませんか。」そして神は喜んでアブラハムとの取り引きに応じられた。クルアーンにもこのできごとは記されている。よく似たできごとであるが、クルアーンでは、アブラハムの対話の相手は天使であって神ではない。けれども、もっと大きな違いは、クルアーンによれば、アブラハムはソドムとゴモラの住人である「ロトの子たち」のために嘆願したことになっている。さらにクルアーンには挿入がある。それは、天使が「アブラハムよ、このことを断念しなさい。既に主の御命令は下っている。避けられない懲罰が、かれらに下るのである」と言うこと、そして、天使がそういう前に「本当にアブラハムは、辛抱強く、心の優しい、悔悟して（主に）返った者である。」と説明されていることである。これはたいへん大きな違いである。

『神の物語』に「歴史は物語であり物語は聖書に根ざしている。……聖書の物語の中にはさらに小さな物語が詰まっている。聖書全体は、創造主にして贖い主である神の物語である。その中に主イエスの四つの物語（福音書）があり、またその中にさらに物語（例えばイエスの譬）がある。ユダヤ教のラビの間では物語は神学を教える方法であり、それは現代でも同じである」

（本巻37〜38頁）と書いておいた。物語の持つ力は私たちを引き込み、私たちの感情や考えを形作り、私たちの行動を変える。何より、世界を新しい視点で、新しく体験させる。物語は、私たちの意識の深いところで働いて、私たちの存在を形作る。信仰の共同体によって世代から世代へと受け継がれてきた物語は、とくにカノン、正典、としての権威を持つとき、人の心をその根底から変える力を持つ。このことについての私の考えは、「アブラハムをめぐって」を書き始めた十年前も今も変わらない。それゆえ、聖書とクルアーンの物語の違いを探ることは、決して学問的な遊びごとではない。そうではなくてこれらの物語がどのようにユダヤ教、キリスト教、そしてイスラームを形作る上で機能してきたか、そして今も機能しているかを考える試みなのである。

このことについて、私が「アブラハムをめぐって」に書いた文章を紹介する。

「私たちの意図は物語を神学的に思いめぐらすことにある。神とはどのようなお方であるのか、人とは何であるのか、そしておそらく、もっとも重要な神と被造物の関係はいかにあるべきなのか……（聖書とクルアーンにおけるアダムが動物に名前をつける物語を通して、）イスラーム、ユダヤ教とキリスト教がそれぞれ、人であるとはどのようなことであると考えているのかを考えることにする。」

この講義でも同じことを試みる。聖書とクルアーンの物語によって、それぞれ形作られてきた、たがいに異なる物語の比較を通して、それぞれにとって人であるということの意味の違いを探るのである。アダムが動物に名前をつける物語を通して、この課題に取り組んでみよう。

聖　書	クルアーン
創世記　一・26、二・18〜20 神は仰せられた。「さあ人（アダムは人類を意味する）を造ろう。われわれのかたちとして、われわれに似せて。彼らが、海の魚、空の鳥、家畜、地のすべてのもの、地をはうすべてのものを支配するように。」	日本ムスリム協会発行 「日亜対訳注解　聖クルアーン」（6刷・以下同） 雌牛章（スーラ）二・30〜34 またあなたの主が（先に）天使たちに向かって、「本当にわれは、地上に代理者を置くであろう」と仰せられた時を思い起せ。

聖書において、この物語の大部分は創世記二章に描かれている。けれども、このテキストのもつ意味をフルに味わうために一章から始めることにしよう。一章26節で、神は人を、男

と女に、神のかたちに造ると宣言した。人が神のかたちとして、神に似せて造られたということの意味について、ユダヤ教もキリスト教も、多くの解釈を行ってきた。けれども、クルアーンとそれに続くイスラームの伝統はこの言葉を避けてきた。それは、神が物質的な存在で、人間もまとうことができる「かたち」を持っているという誤解をあたえないためであったようである。現代の聖書学の重きを占める見解は、「われわれのかたちとして、われわれに似せて」は古代の政治的支配者が帝国の辺境に自分に似せた像を建てさせた習慣を思わせるとする。それは、辺境の人々にだれが支配者であるかを忘れさせないためであった。創世記一章はこの習慣を前提としているように思われる。けれども、そこでの人の役割は、創造者の物理的な姿を思い出させることではなく、神がいかなる支配をなさるお方であるか、それを思い出させることにある。

だから、創世記一章で神が人を、男と女とに創造されたのは、彼らが「神を思い出させ」「神の被造物へのケアを神にならって行うため」である。人は被造物に対する神の支配とケアを実行する責任を与えられている。繰り返しになるが、ポイントは「神のかたち」は物理的な類似ではなく、被造秩序の中で、神の召しによって、神の代理として振る舞うことにある。このことがもっとも鮮やかなのは、詩篇8篇。神の被造秩序における人の役割を祝う詩篇である。「あなたの御手の多くのわざを人に治めさせ、万物を彼の足の下に置かれました。すべて、羊も牛も、また、野の獣も、空の鳥、海の魚、海路を通うものも」（八・6—8）。「治める」というのは神のために支配することを引き受けることなのである。

このように聖書の「神のかたち」を解釈すると、それはクルアーンが、人は神の「代理者」であると教えるのとほぼ同じであることに気づかされる。「あなたがたは思い起さないのか。アッラーは天にあり地にある凡てのものを、あなたがたの用のために供させ……」（クルアーン31・20）ともある。つまり聖書とクルアーンはともに、人の高貴にして厳粛な責任、すなわち、神の臨在と支配を被造物に対して代表するという役割を強調しているのである。この主張は、特に聖書については、[1]鉄の拳で被造物を支配するライセンスを与えるものだという批判が行われてきた。つまり、見境無く、破壊的に地球とその資源を浪費することを奨励することにつながると言う批判である。けれども、創世記もクルアーンも必ずしもそのように解釈しなければならないわけではない。次のようにも論じうるのである。

（1）神の代理者あるいは地上における代表者であることは、絶対的な主権と所有権を持つことではなく、被造物の美と善を維持する責任を神に対して負うことである。

（2）聖書やクルアーンの神が、被造物を愛し、楽しむ神であるなら、神のかたちである人もまた、被造物を慈しみ、被造秩序を保つエコロジーなライフスタイルを行うべきである。結局、すべての被造物は神のものであり、管理者である人間のものではないのである。

聖書
なし
クルアーン かれら（天使たち）は申し上げた。「あなたは地上で悪を行い、血を流す者を置かれるのですか。わたしたちは、あなたを讃えて唱念し、またあなたの神聖を讃美していますのに。」かれは仰せられた。「本当にわれはあなたがたが知らないことを知っている。」

この箇所はクルアーンにしかない。創世記一章には明確な天使たちへの言及がないのである。クルアーンの天使たちは、ここでいつになく、不穏な質問をする。それは神を代表するどころか、天使たちが正しくも予想したように「地上で悪を行い、血を流す」地上の代理者の資格を問うものであった。それとは逆に、アッラーの天使たちは、人間たちよりも、自分たちの方が神を崇めることにおいてずっとましなムスリム（神に帰依する者）であることを主

張する。

アッラーの意図に当惑しているように見える天使たちに対して、アッラーの返答は自身のはるかに優る知識を表明するものであった。「本当にわれはあなたがたが知らないことを知っている。」クルアーンの構造によれば、この返答は物語の次の部分の道備えをなすものである。

聖書　創世記二・18〜20	**クルアーン**
神である**主**は仰せられた。「人（アダム）が、ひとりでいるのは良くない。わたしは彼のために、彼にふさわしい助け手を造ろう。」神である**主**は土からあらゆる野の獣と、あらゆる空の鳥を形造り、それにどんな名を彼がつけるかを見るために、人のところに連れて来られた。人が生き物につける名はみな、それがその名となった。人はすべての家畜、空の鳥、野のあらゆる獣に名をつけた。しかし人には、ふさわしい助け手が見つからなかった。	かれはアーダムに凡てのものの名を教え、

創世記二章は、私たち人間に特有のある行動を解説するものである。人はたがいのコミュ

ニケーションを助けるために言語を発達させてきた。けれども、同時に私たちは私たちの世界に名前をつける、すなわち私たちがこの世界で経験するものを分類し、名付け、特徴をつかもうとする。それは一人の人間が一日のうちになしとげる仕事ではない。それは私たちみんなが受け継いでいく仕事である。そうして、私たちが住むこの美しく神秘的な世界に対する理解が深められていく。この仕事は特に科学者たちが専門的に行う仕事である。彼らは、毎日のように新種を発見し、名前をつけている。古代の中近東においては名前をつけることはたいへん重要なことだと考えられていた。それゆえ聖書が名前をつける仕事を人だけに割り振っていることは注目すべきである。名前をつけることは、名付ける対象の存在の意味を見つけ、その役割とあるべき姿を発見することである。名前をつけることは、そのもののために秩序と意味をみつけてやることなのである。これはまさしく創造のみわざの継続である。このことをハーヴィー・コックスは「The Secular City」の中でこう書く。

『創世記二章は、人が被造物の中でたいへん大きな役割をもっていることを示す。実は、世界は名前をつけられるまでは仕上がっていない……神はいかに人を尊くみなしてくださっていることか。神は、すでに名前をつけられた被造物が満ちている世界に人を投げ込まれたのではない。神がすでにたがいの関係とおのおのの意味を与えている世界に投げ込まれたのではないのである。人は自らこうした関係と意味を見出すように神から招かれているのだ。(2)』

では、クルアーンが「かれはアーダムに凡《すべ》てのものの名を教え」と書くのはどのような意味を持っているのだろうか。

創世記二章は、ただ単に、神が人に被造物に名前をつける仕事を与えたとだけ言っているのでない。神は生き物を人のところに連れて来て、人がどのような名前をつけるかを喜ばしげに見守っておられる。ここには、人がすることに対する神の好奇心とでも言うべきものを感じることができる。だから、この物語は未来は開かれたものであることを教える。未来は、神にとってさえ決定したものではない。神は被造物に名前をつける仕事をアダムに与えた。そのとき、アダムは未来を作ることに参加する自由を与えられたのである。創世記二章においては、「正しい」、神によってあらかじめ定められた被造物の意味というようなものは存在しない。その代わりに、神から委ねられた創造のみわざに参加することへの召しがある。人は観察し、発見し、名前をつけ、意味を見い出すことによって参加するのである。

クルアーンでは、神は不平をつぶやく天使たちに「本当にわれはあなたがたが知らないことを知っている」と自信に満ちた返答をした後で、神が定めた絶対に正しい被造物の名前を人に教える。神の卓越した知識は二重に見せつけられている。まず、神が万物の正しい名前を知っていることにおいて。次に、神がアダムにそれらの名前を教えることができることにおいて。クルアーンはムスリムたちに、「アッラーは最善を知っている」と告白するように教える。クルアーンのこの個所は、まさに、そんなアッラーの確かな知識をドラマティックに描いてみせる。さらに、このアッラーの返事は、人が「地上で悪を行い、血を流す」にもかかわらず、神の測り知れない知恵は、人の創造から良い結果をもたらすことができることを、天使たちに教えようともしている。

このような聖書とクルアーンの違いが、異なる結果をもたらすことは明らかである。創世記において、神は擬人化と呼ばれても仕方がないような姿で描かれている。けれども、そこでは、同時に、人間の知性、創造性、そして言語能力もまた創造者なる神によって与えられていることも描かれている。人に与えられたそのような能力、名前をつけ世界を形作るそのような能力は、世界にさまざまな豊かな可能性をもたらす。世界の創造者でさえ、世界がどのような将来をたどるのか興味をもつほどの可能性である。反対に、クルアーンで描かれているのは、神の偉大さと卓越した知識である。どちらが私たちにとって、より満足できる物語であろうか？

聖書

なし

クルアーン

次にそれらを天使たちに示され、「もし、あなたがた（の言葉）が真実なら、これらのものの名をわれに言ってみなさい。」と仰せられた。

かれらは（答えて）申し上げた。「あなたの栄光を讃えます。あなたが、わたしたちに教えられたものの外には、何も知らないのです。本当にあなたは、全知にして英明であられます。」

かれは仰せられた。「アーダムよ、それらの名をかれら（天使）に告げよ。」そこでアーダムがそれらの名をかれらに告げると、かれは、「われは天と地の奥義を知っているとあなたがたに告げたではないか。あなたがたが現わすことも、隠すことも知っている。」と仰せられた。

またわれが天使たちに、「あなたがた、アーダムにサジダ（跪拝）しなさい。」と言った時を思い起せ。その時、皆サジダしたが、悪魔〔イブリース〕だけは承知せず、これを拒否したので、高慢で不信の徒となった。

神が天使たちをとがめる、このクルアーンの箇所は創世記にはない。クルアーンは天使たちが、「あなたの栄光を讃えます。あなたが、わたしたちに教えられたものの外には、何も知らないのです。」と言って被造物の名前を答えることができないと告白したことを強調する。ここでもクルアーンは、神の力と知識と卓越性を見せつける。驚かされるのは、神が天使たちにアダムを拝むように命じることである。イスラームにおいてはそのような跪拝はただ神にのみささげられる。けれども、これに先だって、天使たちは、神が人を造って、ご自分の代理者あるいはカリフ（イスラームの宗教・政治両面の指導者）にすることに疑いを表明した。神は今、その天使たちにアダムに跪くことを要求するが、これは神の前にへりくだることの要求でもあるだろう。[3] クルアーンの狙いは神の誉れと知恵を大いに表し、神が「あなたがたが現わすことも、隠すことも知っている」ことを印象づけることにある。

ファズラー・ラーマンは20世紀の偉大なイスラムの思想家であるが、こう書いている。

「神は天使たちに『これらのものの名をわれに言ってみなさい』（被造物を描写しなさい）と訊ねることによって、天使たちとアダムを競わせた。天使たちにはできなかったが、アダムにはできた。これは天使たちに欠けていた創造的な知恵がアダムにはあったことを示す。それゆえ、神は直ちに天使たちにアダムを拝むように命じたのである。[4]」

ラーマンのこの解釈は理解できるが、クルアーンが人の「創造的な知恵」を示唆しているとは思えない。人のそのような能力は、クルアーンの他の箇所には確かに見受けられるが、この箇所には無理がある。なぜなら、ここではアッラーが人に正しい名前を教えたのであって、アダムのしたことはそれを朗唱しただけだからである。私はこの朗唱という単語を意図して使った。なぜなら、この単語はムハンマドが最初に受けた啓示、天使ガブリエルの最初の言葉だからである。実は、クルアーンという言葉そのものが、「朗唱」あるいは「朗唱されるもの」、という意味を持つ。保守的なイスラームは、クルアーンは朗唱された神の言葉だとされている。それが、まず最初にガブリエルに渡され、次に口頭でムハンマドに伝えられたのである。ムハンマド自身の知性や創造性、想像力、環境や教育、体験は、クルアーンの成立にはまったく関係ないものとされる。

だから、クルアーン版のアダムは受け身であって、それはムハンマドがまったく受け身で啓示を受けたのとよく似ている。天使たちの「あなたが、わたしたちに教えられたものの外には、何も知らないのです。本当にあなたは、全知にして英明であられます。」という言葉をもう一度考えてみよう。神は知恵と知識において完全なので、被造物の本質を知っている神だけが正しい名前を与えることができる。このように、聖書の創世記と比べるなら、クルアーンは神をさらに高みへと持ち上げていることがわかる。

クルアーンにおいては、これと同じパターンがよく見受けられる。この創世記からクルアーンへの道筋をつけるのは、ユダヤ教の聖書解釈である。数世紀の間、この解釈が集積されて、やがてクルアーンにいたるのである。この間の事情を図解すると次のようになる。

創世記
↓
ユダヤ教の（またキリスト教の）解釈を呼び覚ます
↓
クルアーンによる物語の再構成に影響

そこで、次に、クルアーンと創世記ラバー、つまり創世記に関するラビたちの解釈を比較しよう。これはムハンマドよりも少なくとも2世紀は古いものである。

ラビたち **創世記ラバー** ラビ・アハは言った。「聖なるお方（このお方に祝福あれ）がアダムを創造されたとき、彼は、仕える天使たちに相談して言った。「さあ人を造ろう。」
クルアーン 雌牛章（スーラ）二・30—34 またあなたの主が（先に）天使たちに向かって、「本当にわれは、地上に代理者を置くであろう。」と仰せられた時を思い起せ。

ラビたちの解釈には、創世記一章26節の「さあ人を造ろう。」という複数形の問題を解決し

ようとする努力がみられる。神は、ラビたちによれば、人を造ることについて、「仕える天使たち」と相談している。創世記一章には天使たちに対するはっきりした言及はないが、ラビたちはユダヤの一神教を守るために、この手軽な解決法を見出したようである。この「さあ人を造ろう」についての神と天使たちに関するラビたちの思索は、後にクルアーンにおいて採用されることになる。

創世記ラバー	クルアーン
彼らは訊ねた「人はいかなるものに造りましょうか」。彼はお答えになった。「人の知恵はあなたがたよりも優れたものに。」	かれらは申し上げた。「あなたは地上で悪を行い、血を流す者を置かれるのですか。わたしたちは、あなたを讃えて唱念し、またあなたの神聖を讃美していますのに。」かれは仰せられた。「本当にわれはあなたがたが知らないことを知っている。」

この二つの構造的な類似は明らかである。どちらの物語においても、天使たちは神が造ろうとしている生き物について、とげのある質問を発し、神は鋭い答えを返す。まるで議論を打ち切ろうとするかのように。現代のユダヤ教学者、ヤコブ・ニュースナーの分析によれば、ラビたちにとって、神の答えは「天使たちに対する驚くべき拒絶と、人に対する肯定である」

ということになる。[5]

クルアーンの方は、さらにあからさまな神と天使たちとの間の緊張を描くが、それはすでにラビたちの思索がはらんでいたものである。さらに、創世記ラバーにおいてもクルアーンにおいても、神と天使たちとのやりとりは、次なる行動の準備となっている。

創世記ラバー	**クルアーン**
なし	かれはアーダムに凡てのものの名を教え、

興味深いことに、クルアーンには、神がアダムをコーチするありさまが詳しく書いてあるのに、ラビたちは、この点では沈黙を守っている。そこは、聖書の創世記とおなじである。クルアーンにいたって、初めて、まったく受け身で、神から被造物の名前を教わるアダムの姿が出現する。

創世記ラバー	**クルアーン**
神は何をなさったか?神は動物や鳥たちを天使たちの前に連れてきて、訊ねた。「これらの名前は何とするべきだろうか」。けれども、彼らにはわからなかった。「では、これは?」やはりわ	次にそれらを天使たちに示され、「もし、あなたがた（の言葉）が真実なら、これらのものの名をわれに言ってみなさい。」と仰せられた。かれらは（答えて）申し上げた。「あなたの栄光を讃え

からなかった。

ます。あなたが、わたしたちに教えられたものの外には、何も知らないのです。本当にあなたは、全知にして英明であられます。」

ここでもクルアーンと創世記ラバーの構造は同じである。唯一の違いは、すでに述べたが、クルアーンでは神と天使たちの緊張が強調され、敵意とでも呼ぶべき感じを受けることである。この緊張を解くために、天使たちはことさらに劇的な反応を要求されることになり、「本当にあなたは、全知にして英明であられます」と叫ぶ。もっとも神の完全な知識に対する確信はイスラームに限ったことではない。他の聖書の箇所やユダヤ教やキリスト教の伝統にもこれはよく見られる。けれども、ポイントは、神がすべてのことごとについて完全な知識を持っているという概念が、アダムが生き物に名前をつけるという聖書のこの物語の箇所には見あたらないことである。「神である**主**は土からあらゆる野の獣と、あらゆる空の鳥を形造り、それにどんな名を彼がつけるかを見るために、人のところに連れて来られた」のである。

創世記ラバー

そして神は、それらをアダムの前に行進させて、訊ねた。「これの名前は?」「雄牛です」「これは?」「ラクダです」「これは?」「ロバです」「これは?」「馬です」(二・20)。こうして人は全ての家畜に名前を与えた(二・20)。神は人に訊ねた。「そしてお前の名は?」「私はアダムと呼ばれるのがふさわしいでしょう。ちり(アダマー)から造られたからです。」とアダムが答えた。「それでは私の名は?」答えは「あなたはアドナイ(主)と呼ばれるのにふさわしい。なぜならあなたはすべての被造物を治めるのだから。」……

クルアーン

かれは仰せられた。「アーダムよ、それらの名をかれら(天使)に告げよ。」そこでアーダムがそれらの名をかれらに告げると、かれは、「われは天と地の奥義を知っているとあなたがたに告げたではないか。あなたがたが現わすことも、隠すことも知っている。」と仰せられた。

クルアーンは人に対する霊的、道徳的なガイダンスとして与えられたことを念頭に置く必要がある。ここでのガイダンスは、神が「天と地の奥義を知っている」ことを厳かにおもいださせることである。さらに重要なことは、神だけが人の心の秘密を知っていることである。

それとは逆に、創世記ラバーは、聖書の近くにとどまっている。アダムは被造物に名前をつけるように言われ、そうする。さらに、アダムが与えた名はふさわしい名前であった。アダムは自分自身にさえも名前をつける。自分がちり、アダマーから来たことを知ってアダムと名づける。どうでもよいことだが、ここでラビたちはだれが、アダマーを名づけたのかは見過ごしてしまっている。けれども、ポイントは、ラビたちが、創世記二章の物語をふくらませることによって、人には自分が体験する世界を表現するのにふさわしい言葉を作り出す仕事がゆだねられていることを強調したことである。実際、ラビたちは創世記を越えて大きなステップを踏み出している。神は、なんとアダムに神ご自身に名前をつけることを許したというのである。その名はアドナイ(主)、「なぜならあなたはすべての被造物を治めるのだから。」とアダムは言った。

このようにラビたちによる創世記二章の再構成は、人が被造物の名前を作り出し、自分自身と創造主である神の名前までも作り出したことを述べる。神学とはまさに、可能な限り、正しくふさわしい名前を神につけることである。神は啓示を通して私たちがこのわざにたずさわることを助ける。クリスチャンである私たちは、神の究極の啓示が、神の御子である言葉の受肉であることを知っている。けれども、同時に私たちは、神のいかなる助けも結局は人間の言語によるものであることも知っておく必要がある。主イエスご自身が、人の言葉を話し、私たちはその言葉とみわざを福音書記者が記した人間の言葉によって知る。このことは悪いことではない。これもまた、人が神のかたちに造られたことの表れのひとつである。

創世記二章とそれを思い巡らしたラビたちの多くにとって、神は名前をつけるわざ、神ご自身にまでも名前をつけるわざを、もつれる舌をもつにすぎない、限りある人にゆだねた。クルアーンでは、逆に、神だけが正しいベストな名前を知っている。この差は大きい。そして、私はこのことはクリスチャンのホーリネスの理解にとってたいせつなことだと思う。創世記二章は、神が私たちをすばらしい能力を持ったものとして造られたことを教える。私たちは、観察し、解釈し、言葉にし、発見し、興味を持ち、探り続ける。けれども、それが神の偉大さを脅かす心配などまったくない。最初のほうで触れた詩篇8篇の始まりと終わりにこうある。「私たちの主、主よ。あなたの御名は全地にわたり、なんと力強いことでしょう。」そして中ほどには、神が万物をアダム（人）の足の下に置かれたとある。私たちは「神（elohim）よりいくらか劣るものとし（新改訳）」て造られたのである。日本語の聖書では「神（God）より低い」とあるだろうか？ それとも「天使たち（angels）より低い」となっているだろうか？（訳者注：新改訳、口語訳、新共同訳共に「天使たち」ではなく「神」となっている）。いずれにしても、そこにあるのは、人と人の創造における役割に対する高い評価であり、詩篇八篇はそれが神の栄光をかえって増し加えるのだと述べている。だから、ホーリネスは人が大いなるものになることの否定ではないし、私たちが自分は虫けらのようなものだとへりくだることでもない。クルアーンではこれとはちがう考え方をする。クルアーンとイスラームでは、もっとも大いなる徳は、神の超越した御心に服従することであり、基本的にそれが人間の役割である。私はキリスト教信仰に服従は必要ない、などと言うつもりはない。もちろん服従は必要である。けれども、神の愛が求めるのは単なる服従とは異なる関係である。ヨハネの福音書が記す弟子たちへの主イエスの言葉に、「わたしがあなたがたに命じることをあなたがたが行うなら、あなたがたはわたしの友です……わたしがあなたがたを愛したように、あなたがたも互いに愛し合うこと、これがわたしの戒めです」（一五・14、12）と記されている通りである。

このことを聖書とクルアーンがそれぞれどのように取り扱っているかを強調して、この講義を閉じることにしよう。創世記において、神は野の獣と空の鳥を形造り、それにどんな名を彼がつけるかを見るために、人のところに連れて来られた。人が生き物につける名はみな、それがその名となった。ここでは、人はアクティブでクリエイティブな役割を果たしている。名前をつけることで神の世界を形作り、そこに秩序を与えているのである。神は喜んで、大喜びで私たちにこの役割を与えた。そこに神の愛が深いかたちで表現されている。将来は比較的オープンなので、新しい発見や思いもよらない解釈もまた起こり得る。神の愛は私たちをほんとうの関係に必ずともなう冒険へと招く。ものごとの意味は、神のみこころによってあらかじめ永遠に変わらないように決定されているわけではない。ところが、クルアーンでは、神はアダムに凡てのものの正しい名を教える。従って、イスラームにおいては、啓示は純粋にまったく神のものである。そこには人が名前を考えたり、解釈したり、工夫する余地はない。クリスチャンやユダヤ人の学者が、聖書における歴史的発展や社会的、政治的影響を考慮することにそれほど抵抗を感じないのに対して、ムスリムは、クルアーンに対してこのような考慮を行うことをきびしく禁じる。こうして、凡てのものの正しい名を教える神と、愛ゆえにリスクを冒して、世界に名前をつけ、さまざまな判断を行うことをゆだねる神との差が生じているのである。謹聴に感謝します。

（1）The classic (though far from the only) expression of this critique is Lynn White, Jr., *"The Historical Roots of our Ecological Crisis,"* Science, vol. 155 (March 10, 1967), pp. 1203-7.

（2）Harvey Cox, The Secular City: Secularization and Urbanization in Theological Perspective (New York: The Macmillan Company, 1965), 73, 74.

（3）私の推測では、天使たちにアダムを跪拝せよという神の要求は、イスラムの伝統ではなく、クルアーンに先立つユダヤ教の伝統に強く影響されたものである。

（4）Fazlur Rahman, Major Themes of the Qur'an (Minneapolis: Bibliotheca Islamica, 1989), 17-18.

（5）同上

イエス・キリストこそが神のかたち――「わたしが弟の番人でしょうか」

聖書の天地創造の物語には、人間を高く見積もる傾向がある。創世記一章では、人は男と女とに、神のかたちとして創造された。また二章で神は、人に被造物に名前をつけるという仕事を委ねた。けれども、人はすぐに、神の御心に従って生きることに失敗した。クルアーンで天使たちが神に「あなたは地上で悪を行い、血を流す者を置かれるのですか」と訊ねたことになっていると、さきほど話した。この質問は核心をついていたのではないだろうか。

けれども、続く創世記の物語において、私たちの関心を引きつけるのは、神が人をあきらめることをしなかったことである。「人間プロジェクト」とでも呼ぶべき企てに神は希望を失っていない。神は人との対話を続け、人との関係を保とうと努めている。その対話の多くは質問の形で行われている。神が大いなる質問者であることは感謝すべきことである。それらの質問を数えれば、「あなたは、どこにいるのか」「あなたが裸であるのを、だれがあなたに教えたのか」「なぜ顔を伏せているのか。あなたが正しく行ったのであれば、受け入れられる」などがある。あるいは、カインがアベルを殺した後では「あなたの弟アベルは、どこにいるのか」という質問がある。神はそれ以来、私たちに二つの根本的な質問を発し続けている。「あなたはどこにいるのか」と「あなたの兄弟はどこにいるのか」がそれである。みなさんはこのことを説教したことがあるだろうか。もしまだなら試してご覧になるといい。

カインとアベルの物語に集中しよう。ここでも神は命令するお方ではなく、質問するお方として描かれている。聖なる神はカインに「殺してはならない」とは言わず、カインが取ろうとしていた暴力とは異なる選択をするように招いている。この招きは以下のようなケースでは、現実には意味を持たないことに注意されたい。

(a) 神がすでにカインがどうするか知っている場合。
(b) 実際にはカインに選択の余地がない場合。
(c) 神がみこころをカインに強いて行わせる場合。つまり、強制的に殺人から遠ざける場合。

けれども、神はカインに語りかけ、暴力以外の道を勧める。この勧めは不成功に終わる。イスラエルの学者故ピンハス・ペリは言う。「カインが人類の四分の一を抹殺する間、神は何もしなかった」。もちろんペリは正しくない。神は何もしなかったわけではないからだ。神は語りかけた。カインの心を探って、カインに問いかけた。「あなたが正しく行ったのであれば、受け入れられる。ただし、あなたが正しく行っていないのなら、罪は戸口で待ち伏せして、あなたを恋い慕っている。だが、あなたは、それを治めるべきである」と。神の口から驚くべき言葉が発せられたのである。これはアダムとエバの失敗、園における反逆の後のできごとであり、キリスト教の伝統的な解釈によれば、罪への堕落の結果、罪の力の支配は既に始まっている。だからカインは全面的に罪の支配の下にあるはずである。それならなぜ、神はカインに「あなたが正しく行ったのであれば、受け入れられる」などと言ったのだろうか。なぜカインは正しいことを行うことができるのだろうか。さらに神は、罪の力について警告を発している。門口に待ち伏せして、今にも襲いかかろうとしている恐るべきライオンのような罪の力についての警告である。けれども神は、「だが、あなたは、それを治めるべきである」と、カインにはそれを治める力があると考えている。『神の物語』（ここで「ありがとう、大頭牧師」ともう一度言おう）にも書いておいたが、このカインに対する神の言葉に「先行的恩寵」のうるわしい例がある。神はカインに、カインが想像だにしなかった可能性を見せた。カインは怒り狂って、アベルの命を奪うことしか考えていない。けれども神はそれとは異なる可能性があるとささやく。神は私たちに新しい可能性の窓を開く。「あなたが正しく行ったのであれば、……」と。そして神は励まして言う。「あなたは、それを治めるべきである。」と。けれども神はカインに強制はしない。神は世界にご自分のみこころを押しつけることはしない。カインは神に答えることさえしなくてもよい。実際にこの時点では答えていない。そしてカインは神の優しい問いかけに背を向け、神の開いた和解の可能性に自らを閉ざし、暴力を行使することにした。

カインとアベルの物語はクルアーン版では、第5の章である食卓章にある。15節に「啓典の民（ユダヤ、キリスト教徒）よ」と呼びかけがある。「あなたがたが啓典（律法、福音）の中に隠してきた多くのことをあなたがたに解明」するとの宣言が続く。これはクルアーンがユダヤ人に対して繰り返し行う非難である。すなわち、ユダヤ人は神がトーラーに啓示した真理を隠しているというのである。だからクルアーンの役割の一つは、それらの隠された真理を明るみに出すことである。クルアーン版カインとアベルの物語は次の通りである。

（ムハンマドよ）アーダムの2児の物語の真実を民に語れ。かれら両人が犠牲を捧げた時、1

人は受け入れられたが、外は受け入れられなかった。言った。「わたしはきっと御前を殺してやる。」かれは（答えて）言った。「アッラーは、唯主を畏れる者だけ、受け入れられる。」「仮令あなたが、わたしを殺すためにその手を伸ばしても、わたしはあなたを殺すため、手を伸ばしはしない。わたしは万有の主アッラーを畏れる。本当にわたしは、あなたがわたしの（先に犯した）罪と、あなたの（殺人の）罪とを負って、あなたが火獄の住人になることを望む。そしてこれは不義を行なう者の応報である。」（五・27―29）

創世記ではまったく沈黙していたアベルがここでは熱弁をふるっている。創世記には、アベルの血が、その土地から叫んでいると神は語る。正義を求める叫びである。また、マタイの福音書では、主イエスご自身が、義人アベルの血をイスラエルの歴史を通して流された預言者たちの血と関連づけておられる。アベルの血は叫ぶ。けれども、クルアーンで叫んでいるのは、アベルの血ではなくアベルである。そしてそれはただの叫びではなく説教である。地獄の火に関する説教である。

クルアーン版の著しい特徴は、神とカインの間にはいかなる会話も行われていないことである。物語の中で神は何もしない。神はただ天使ガブリエルを通して、預言者ムハンマドにこの物語を口述する。それとは逆に、聖書では神は物語の登場人物のひとりである。登場場面はわずかであってもそうなのである。創世記の神はカインと顔をつきあわせる。そして、「あなたの弟アベルは、どこにいるのか」と訊ねる。カインが「知りません。私は、自分の弟の番人なのでしょうか」と答えると神は、「あなたは、いったいなんということをしたのか。聞け。あなたの弟の血が、その土地からわたしに叫んでいる」と語ったのである。

少しふりかえってみよう。創造者である神がカインに近づいて、質問し、会話を試み、暴力を避けるように説得しようとする。神がそのような暴力を望んでおられないことは明らかである。けれども、神はカインがアベルの血を流す決断をとめてはいない。実際、殺人の瞬間には神はその場にいなかったような印象を受ける。まるで、カインが神に答えることを拒否し、神に背を向けたために、神に見えないところで、殺人が起こったかのようである。そして、今、神は物語に戻ってこられ、またも質問を発する。「あなたの弟アベルは、どこにいるのか」「あなたは、いったいなんということをしたのか」と。これらはカインに責任の意識を目覚めさせるための質問である。創世記の神は会話の神である。それゆえ、神は一方的に全てを支配する神ではない。世界の微細な点まで全てを決定する神ではない。神は質問を発し、説得を試みる神である。

「聞け。あなたの弟の血が、その土地からわたしに叫んでいる。」

「聞け」は力に満ちた言葉である。神はカインに「聞け」と言う。これは私たちみんなに言われている言葉である。神は土地にしみこんだアベルの血の叫びを聞く。神はカインにもその叫びを聞かせたい。カインも聞くことが出来るはずだからである。「聞け」は聖書を読む私たちに、神の望みを知らせる。人間の歴史の中で暴力によって犠牲になった無数の人々に私たちがあわれみを持つことがその望みである。カインとアベルはユダヤ人を指すのではない。クリスチャンを指すのでもなく、ムスリムたちを指すのでもない。カインとアベルは、人類を指す。「聞け」と神は私たちに言う。1955年生まれのデンマーク系アメリカ人である私も、東京大空襲、広島や長崎の原爆、そしてその他の都市で流された血の叫びを聞くように言われている。赤ん坊の血、お母さんの血、兄弟姉妹の血に、お父さんの血。カインとアベルの物語は、焦土と化した土地から聞こえる血の叫びを「聞け」と私たちに深いところで呼びかける。「聞く」ことは、それら血を流した人々が存在しなかったかのように、あるいは失われた命が私たちや神に関係ないかのように振る舞うことはできないことを意味する。「聞く」ことは、創造における人の責任を引き受けることである。すなわち「あなたの兄弟はどこにいるのか」「あなたの姉妹はどこにいるのか」と訊ねる神に答えることができることを意味する。

なぜなら、まさしく私たちは互いの番人だからだ。主イエスのたとえを借りるならば、私たちは単に隣人を愛することに招かれているだけではなく、すべての人の隣人になるように招かれているのである。

ここにカインとアベルの物語から読み取るべき最も重要な神学的、倫理的なポイントがある。タルムード、特にミシュナ・サンヒドリン、これはユダヤ人による律法の議論と判定の集成でムハンマドより数世紀前に成立したものだが、そこには興味深い記事がある。ラビたちは創世記四章10節の通常ではない構造に注目し、そのような場合の通例として、その特異な文法は重要な意味のゆえだとする。以下がそれである。

カインがアベルを殺したときのことは、「あなたの弟の血（複数形）が、その土地からわたしに叫んでいる」と記されている。ここで血は単数形ではなく複数形である。すなわち、アベル自身の血と、その子孫たちの血のことを意味する。人類はひとつに造られた。それゆえ一人の人間を殺すことは、全人類を殺すことだと見なされ、一人の人間を救うことは全人類を救うことだとみなされる。（ミシュナ・サンヒドリン四・5）

ここでは複数形であるという単純な理由でそれをとりあげ、おそろしく倫理的な解釈が行われている。土地から叫んでいるのはただアベルの血だけではなく、地球の長い歴史を通してのすべての犠牲者の血なのである。無実の血が創造者に向かって叫んでいる。この胸を打つ解釈は、文字通りにクルアーンで採用されている。

ミシュナ・サンヒドリン四・5

だれであれ、一人の人を殺す者は、全人類を殺したのと同じである。けれども、一人の人間を救うことは全人類を救うことである。

クルアーン　食卓章五・32

そのことのためにわれはイスラエルの子孫に対し、掟を定めた。人を殺した者、地上で悪を働いたという理由もなく人を殺す者は、全人類を殺したのと同じである。人の生命を救う者は、全人類の生命を救ったのと同じである（と定めた）。

ムスリムの注解者、サイード・マウドゥーディは、「今日の聖書に神の定めを表す尊い言葉が欠けているのは残念なことだ」と書いているが、これは、彼が上掲の表現がもともと創世記に存在していたと考えていることによる。サイードは付け加えて「けれどもタルムードはこれらの言葉を記録している」と語る。(1) サイードは、ムスリムの伝統的な解釈に共通する仮定を採用して、もともとの聖書にあった「一人の人間を救うことは全人類を救うことである」が削除されたとする。けれども、それなら、タルムードの時代のラビたちは、どうやって失われていた「神の定めを表す尊い言葉」を取り戻すことができたのだろうか！

ここにイスラームの解釈の重大な問題がある。すでに手短に触れたように、クルアーンはユダヤ人や主イエスを通してキリスト教会にもたらされた啓示を認める。しかしながら、クルアーンはこれらの啓示は誤って解釈され、ときには隠されていると言う。一方、ユダヤ教は、神がシナイ山でモーセに書かれたトーラーを啓示されたように、その後も口伝のトーラーを続いて啓示されたとする。そしてその口伝はラビたちの複雑な議論を経てなされるのである。ラビたちは書かれたトーラーから派生する解釈の山を築き、現代のユダヤ人哲学者ユージン・ボロヴィッツによれば、口伝のトーラーにおいて「無数と言ってよい解釈を」生み出している。(2) ユダヤ教の場合は、啓示は時間的にも、地理的にも、テキストによっても限定されない。むしろ啓示は委ねられたユダヤ人の手によって継続中だということになる。ユダヤ人にとって、神の啓示は神から垂直にくだる一度きりの指図であるとは考えられていない。啓示は、水平方向への広がりと歴史的継続性を持つのである。つまり、神は私たちと共に何度も働く。この「私たち」とは、啓示を解釈し、共に祈って、解釈した神のみこころに従おうとする共同体のことである。例えば旧約聖書はそのような共同体においてラビたちによって正典（カノン）だと判断された。これこそ継続する啓示の重要性を示す事例である。このラビたちは、主イエスより後の時代の人々であるが、クリスチャンではなかった。けれども、私たちのうち、たぶん全員が、彼らがどれを正典とし、どれをそうしないという判断を神の導きによって行ったことを認めるのにやぶさかではない、と思う。だから、私たちクリスチャンも、ユダヤ人共同体の中に、神の臨在と導きがある程度は継続していることを認めているわけである。

この歴史的継続性ゆえに、ラビたちは「血」が複数形であることから「だれであれ、一人の人を殺す者は、全人類を殺したのと同じである。けれども、一人の人間を救うことは全人類を救うことである。」という驚くべきアイデアを紡ぎ出した。そして、クルアーンもまた、同様に、「そのことのためにわれ（神）はイスラエルの子孫に対し、掟を定めた。人を殺した者、地上で悪を働いたという理由もなく人を殺す者は、全人類を殺したのと同じである。人の生命を救う者は、全人類の生命を救ったのと同じである（と定めた）」（クルアーン五・32）と書く。もし神が本当にこの驚くべき宣告をされたなら、神はラビたちの口伝のトーラーという手段を用いて、宣告されたことになる。そうなるとしばしばユダヤ教を批判するクルアーンが、ここでは皮肉なことに、口伝のトーラーが神の啓示を告げることを認めることになる。クルアーンは書かれたトーラーの本来の啓示はラビたちによって歪められたと主張するが、食卓章五・32は意図せずして、口伝のトーラーを支持しているのである。

このことは、重要である。それはクルアーンが矛盾をはらんでいることを明らかにするからではない。そうではなくて、口伝のトーラーを含めたユダヤ人の啓示に対する理解と、世代をまたぐ共同体としての解釈が、私たちをより健やかで十分な神の啓示の歴史的理解へと導くから重要なのである。はるか昔のラビたちが、創世記の「血」が複数形であることに読み込んだ奇妙な解釈は、創世記テキストの歴史批評的解釈に照らせば、明らかに支持され得ない。私たちがテキストそのものが本来持つ意味だけに啓示を限定するなら、「神の定めを表す尊い言葉」（マウドゥーディがクルアーン五・32にコメントした言葉）は啓示とはみなされないことになる。けれども啓示はそのように限定されるべきではない。テキストに取り組み、二人の兄弟の物語から新しい意味を見つけようとした解釈者たちが存在したことを認めよう。イスラエルの神がそのような解釈者たちを通して、イスラエルの（そして、すべての）人々は互いにともに生きるべきことを啓示し続けたと考えるべきなのである。

それゆえ、神はカインに「聞け」と言う。それはすべての人に対する「聞け」である。土地からの血の叫びを聞くのである。

タルムードにおいて、そしてクルアーンにおいて、神はユダヤ人に、そしてムスリムたちに、また私たちに語る。「だれであれ、一人の人を殺す者は、世界を殺すのと同じである。けれども、一人の人間を救うことは世界を救うことである。」と。

けれども、私たちクリスチャンは神がもっと異なる「ことば」で語られることを信じて告白する。さらにはっきりとしたことば、最終的なことば、イエス・キリストということばである。「ヘブル人への手紙」の冒頭にはこのことが力強く記されている。

神は、むかし父祖たちに、預言者たちを通して、多くの部分に分け、また、いろいろな方法で語られました（単純過去形）が、この終わりの時には、御子によって、私たちに語られました（現在完了形）。神は、御子を万物の相続者とし、また御子によって世界を造られました。（一・1―2）

神は御子によって語られた。この時制は受肉した御子によって語られたことばが、決定的な権威をもつことばであることを意味する。この御子は、「神の栄光の輝き、また神の本質の完全な現れ」である（一・3）。神はイエス・キリストによって語る。「ことばは人となって、私たちの間に住まわれた」（ヨハネ　一・14）。だから、主イエスは究極の啓示のレンズである。このレンズを通して、私たちは聖書を読む。もちろんアベルとカインの物語もである。

みなさんの中には、早くもヘブル人への手紙の一二章を頭に浮かべておられる人がいるかもしれない。そこではカインとアベルの物語から、主イエスの生涯と宣教を通してすばらしい恵みを受けることができる。18節からの驚くべきみ言葉は、読者がシナイ山のような「手でさわれる山……に近づいているのでは」なく、トーラーが与えられた恐ろしい日のように雷鳴を聞いたり、稲妻を見たりしているのではないと言う。そうではなくて、「あなたがたは、シオンの山、生ける神の都……に近づいているのです…… また……万民の審判者である神、全うされた義人たちの霊、さらに、新しい契約の仲介者イエス、それに、アベルの血よりもすぐれたことを語る注ぎかけの血に近づいています。」（一二・22、23―24）。

アベルの血はいったい何を語るのだろうか？ 神は地面から叫ぶその血に何を聞くのだろうか？ それは正義が行われることを求める叫びである。神は実際にカインを死刑にしなかった。だからもしアベルの血の叫びが復讐を求める叫びなら、それは聞き入れられなかったことになる。カインは正しい裁きを受けた。けれども、それはあわれみに満ちたお方の正義であって、私たちが不等な扱いを受けたときに、求めるようなたぐいの正義ではない。だから、神が血に染まった大地からの血の叫びを「聞け」と言うときも、神が復讐にはやっていると考えてはならない。神は殺人者をもあわれまれる。これらの血はすでに主イエスが流される血を見越している。「アベルの血よりもすぐれたことを語る注ぎかけの血」を。

アベルの血は、ラビたちが言うように複数形の「血」であった。そこには二つの意味が含まれている。ひとつは、これまでも述べたように、アベルの血だけではなく、地球の長い歴史を通してのすべての犠牲者の血である。もう一つは、アベルひとりの血ではなく、カインの暴力によってこの世に生まれることなく奪われてしまったアベルのすべての子孫の血である。これは悲劇であるから忘れるわけにはいかない。アベルの血はこの悲劇ゆえに神に叫ぶ。まさに、一人を殺すことは世界を殺すことであり、一人を救うことは世界を救うことである。そうだとするなら、主イエスがなさったことは何であったのだろうか？　主イエスはいかにして世界を救うのであろうか？

主イエスの「すぐれたことを語る」血。「すぐれたこと」とは何だろうか？この個所、そしてこのヘブル書という力ある新約の説教は、主イエスが「新しい契約の仲介者」であると語っている。そして新しい契約は、本質的に罪の赦しにかかわることであるから、「すぐれたこと」は罪の赦しのことだと考えてよいだろう。主イエスが十字架で祈られた「父よ。彼らをお赦しください。彼らは、何をしているのか自分でわからないのです」という祈りを思う。あの祈りは確かに、「彼らを罰してください。彼らはそれにあたいします」というよりは、はるかに「すぐれたこと」である。

ここまでのことを簡単な表にまとめるとこのようになる。

	ラビたち	クルアーン	キリスト教会
啓示の継続性	啓示は継続。ラビたちの議論を通して継続中。	啓示は神から垂直にくだる一度きりの指図。	啓示はイエス・キリストにおいて完結する。
その例	「血」が複数形であることから「だれであれ、一人の人を殺す者は、全人類を殺したのと同じである。けれども、一人の人間を救うことは全人類を救うことである」という啓示を得る。	上記のラビたちの見解を採用するが、もともとの聖書にあった「一人の人間を救うことは全人類を救うことである」が削除されたとする。クルアーンはそれを回復したと考えるが、これは矛盾。（大頭注　啓示は一度きりのはずだから）	復讐を求めて叫ぶ、アベルの血よりもすぐれたことを叫ぶ、主イエスの血が流された。その血は「父よ、彼らをおゆるしください」と叫ぶ。

赦しは関係を持続させる。罪を犯した者は、それが殺人者であっても、罪の赦しによって、次のステップである和解に向かうことができる。赦しは和解を保証はしないが、その可能性

を開く。アベルの血は正義を求めて叫ぶ。その正義は復讐である。主イエスの血は赦しと、復讐の終わりを語る。復讐は、終わりのない暴力の繰り返しをひきおこす。主イエス、神の栄光の輝き（ヘブル一・3）はそうではない。Ⅰペテロに「ののしられても、ののしり返さず、苦しめられても、おどすことをせず、正しくさばかれる方にお任せになりました」（二・23）とある。正義を求めて叫ぶアベルの血とちがって、そして自分の兄弟が地獄の火で苦しむことを願ったクルアーン版のアベルとははるかに隔たって、主イエスの血は、ローマの十字架の上で、平和を叫ぶ。それは、主イエスが「神の栄光の輝き、また神の本質の完全な現れ」（ヘブル一・3）だからである。主イエスは被造世界における神のかたちの回復であり、神ご自身の犠牲の愛、注ぎ出す愛を私たちにもたらしてくださった。Ⅰペテロは「そして自分から十字架の上で、私たちの罪をその身に負われました」（二・24）と続ける。私たちの罪を負って主イエスは、その肉体をさいなまれ、暴力と痛みと死を受け入れ、抵抗することなく、やり返して循環させることもなさらなかった。私たちと同じようではなかったのである。「キリストの打ち傷のゆえに、あなたがたは、いやされたのです。あなたがたは、羊のようにさまよっていましたが」とⅠペテロはなお続く。アベルの血は正義と復讐を求めて叫ぶ。ここでアベルは「羊を飼う者」（創四・2）であったことが思い起こされる。けれども、私たちは、よりすぐれたことを語る牧者の血を必要としているのだ！「あなたがたは、羊のようにさまよっていましたが、今は、自分のたましいの牧者であり監督者である方のもとに帰ったのです。」（Ｉペテロ二・25）

神はどのようにして私たちを癒すのだろうか？「キリストの打ち傷のゆえに、あなたがたは、いやされた」（二・24）。力ではなく、暴力でもなく、キリストの打ち傷によってである。私たちの暴力、争い、ねたみ、無関心、私たち自身が流した血の叫びを聞くことの拒否に対して、あえて無防備になることによってである。私たちはカインなのだ。神は私たちを力づくで従わせ、しつけることによって、癒そうとはしない。神はその代わりに私たちに質問を発する。神は私たちに「聞け」とおっしゃる。そして、最も大切なことは、神がイエス・キリストを通して、平和と罪の赦しを宣言すること、さらに「その足跡に従うようにと」（Ｉペテロ２・21）招くことである。「ののしられても、ののしり返さず、苦しめられても、おどすことをせず、正しくさばかれる方にお任せになりました」（二・23）。ここに深く、激しい召しがある。イエスを主だと告白し、その弟子であると名乗る私たちすべての者への召しである。主イエスの「足跡に従う」ことは、すべての人に対する、優しく、謙遜で、害をなさず、赦しぬく、暴力とは無縁の愛を生きることである。

カインは神に「わたしが弟の番人（つまり羊飼い）でしょうか」と訊ねた。神の答えは記されていないが、それがかえって、その答えが「そうだ。もちろん、あなたはそうなのだ。」であることを教えている。それならば、そのように生きようではないか。私たちすべての者に対する、神の召しを聞き、私たちの良き羊飼いの足跡に従おう。カインの後に続くのはやめよう。正義を求めて叫ぶ血を流したアベルの後にも従わないことにしよう。そうではなくて、私たちのよき羊飼いの後に続こう。このお方の血は、赦し、憐れみ、和解、愛敵という「さらにすぐれたことを語る」。上げられた私たちの羊飼いの生ける御霊が私たちにそのための力を与えてくださるように。謹聴に感謝します。

注

1　Sayyid Mawdudi, Towards Understanding the Qur'an, Vol. I, trans. and ed. Zafar Ishaq Ansari (Leicester, UK: The Islamic Foundation, 1988), 155.

2　Eugene Borowitz, The Talmud,s Theological Language Game (Albany: SUNY Press, 2006), 55.

〈と〉
道徳悪 moral evil　116,125
トーラー (律法) Torah
219-225,247-260
特殊啓示 special revelation
59-60,91
特殊性のスキャンダル
scandal of particularity　226
〈な〉
ナザレン教団 Church of Nazarene　51
〈に〉
二元論 dualism　111
人 間 原 理 anthropic principle　65
人間中心主義 anthropocentrism
203
人間論 anthropology　143 以 下
〈ひ〉
被造世界 created order
59,94 以下 ,133 以下 ,
121,158-168,226,266,307
〈ふ〉
プロテスタント教会
Protestant tradition　45,77-78
〈へ〉
フェミニスト神学
feminist theology　162
〈ほ〉
ホロコースト、ナチスの
Nazi holocaust　115,170-171
〈め〉
恵み（恩恵、恩寵）grace
89,113,173 以下 ,219,294
メソジスト派 Methodism　45 以下
〈も〉
物語の神学 narrative theology
19 以下
モルモン神学 Mormon theology
111
〈ゆ〉
唯一神論（一神教）monotheism
111,208,282
ユダヤ教 Judaism
28,38,110-111,149,209,219 以下 ,
268 以下 ,281 以下 ,300 以下
ユダヤ人 Jewish people
27,31,36 以下 ,94,112 以下 ,289 以下
〈よ〉
預言 prophecy
103,237,250 以下
予知 foreknowledge　113
予定 predestination　176-178,253
〈り〉
理神論 deism　222
理性 reason
56 以下 ,98,102-10114,146,267
律法 Law →トーラーを参照
良心 conscience　72,88 以下 ,174
〈れ〉
歴史 history　22 以下
レビヤタン Leviathan　119-125
〈ろ〉
ローマ・カトリック教会
Roman Catholic tradition
45,53,77 以下
〈わ〉
笑い laughter　210 以下

27,141 以下 ,179,185 以下 ,200 以下
原罪 original sin
57,165,168,172,178-179
〈こ〉
コーラン　Qur'an　146
子とされること、子としてくださること
adoption　85
〈さ〉
罪論 hamartiology　155 以下
〈し〉
自然悪 natural evil　116 以下
自然神学 natural theology
59 以下 ,88
自由、人間の freedom, human
72,113,116,148-149,156-158,
172 以下 182,193,200-205
自由意志による弁明
freewill defense　116-118,156
終末論　eschatology　202,216
出エジプト　exodus, Jewish
28 以下 ,124-135,218-229
十誡　Decalogue　218 以下
受肉　Incarnation
95,139,215,226,286,303
進化論　evolution, theory of
134-138,153
神義論 theodicy →悪の問題を参照
信仰 faith
21,28 以下 ,183 以下 ,208 以下
神人協働説 synergism　90,195
神人同形説（擬人化）
anthropomorphism　181,206,216
〈す〉
過越　Passover　27,67-105
〈せ〉
聖化（聖め）holiness, sanctification
47 以下
正教　Orthodox tradition　45
聖公会（英国国教会）
Church of England(Anglican)
45,78-79,127
聖書の性質 nature of Bible
25 以下 ,39,59-60,109,133-138
聖書の霊感 inspiration of Bible
40-41
聖霊 Holy Spirit
37,41-48,86-95,129,172-179
先行的恵み prevenient grace
87 以下 ,173,179,189,195
〈そ〉
創造 creation
22,31,39,58,108 以下 ,133 以下
創造、無からの creatio ex nihilo
110,218
〈た〉
体験、霊的（宗教的）
religious experience　91.105
〈ち〉
超越 transcendence
71,112,134,226,288
〈つ〉
罪 sin（罪論も参照）
32,34,155 以下 ,175 以下
〈て〉
伝統 tradition
42 以下 ,77 以下 ,98 以下

事項索引

〈あ〉
悪の問題（神義論）problem of evil
114 以下 ,126 以下 ,156,199
悪への傾向性（イェツェール・ハラー）
yetzer hara 204
安息日遵守 Sabbath observance
136,220
〈い〉
イエスの復活 resurrection of Jesus
34 以下 ,99,102
怒り wrath 199-200
イスラエル Israel
103,123 以下 ,203 以下
イスラム教 Islam 63,111,209-210
一般啓示 general revelation 58 以下
イミタチオ・デイ（神のまねび）
imitatio dei 229
〈う〉
ウェスレアン神学の四辺形
Wesleyan quadrilateral 78,98,102
〈え〉
エコロジー ecology 273
〈か〉
解放の神学 liberation theology 228
確証 assurance 81 以下
カナン神話 Canaanite myth
→レビヤタンを参照
神、創造者としての God as Creator
119 以下 ,181 以下 ,213 以下 ,277,296
神、主権者としての
God as Sovereign 110 以下
神、保持者（支え主）としての
God as Sustainer 59,119
神の痛み（苦しみ）suffering of God
103,116,129 以下 ,156,199,252
神の宇宙論的議論（証明）
cosmological argument 61-71
神の像 image of God
144,182,203 以下 ,226-234
神の国 kingdom of God 245
神の全知 omniscience
112-113,128,183 以下 ,263
神の全能 omnipotence 112,117,127
神の存在論的議論（証明）
ontological argument 67,71
神の道徳論的議論（証明）
moral argument 71
神の不変性 immutability 184
神の遍在　omnipresence
112-115,129
神の目的論的議論（証明）
teleological argument 64-71,120
カルヴァン主義 Calvinism 113,178
〈き〉
キリスト中心主義
Christocentrism Christonormativism108
〈く〉
偶像礼拝 idolatry
32,88,134-136,160 以 ,175,200,209
〈け〉
経験 experience 77 以下
啓示 revelation
→ 一般啓示、特殊啓示を参照
契約　covenants

Heidegger, Martin 62
パスカル、ブレーズ Pascal, Blaise 57
ハンキー、キャサリン
Hankey, Katherine 26-27
〈ふ〉
ファッケンハイム、エミール
Fankenheim, Emil 112
ブーバー、マーティン
Buber, Martin 139,193,221-222
フォン・ラート、ゲオハルト
von Rad, Gerhard 201
〈へ〉
ヘッシェル、アブラハム
Heschel, Abraham 252
ペラギウス Pelagius 176-178,189
ペリ、ピンハス
Peli, Pinchas 170-174,293
〈ほ〉
ポトク、ハイム Potok, Chaim 38
ホワイトヘッド、A N
Whitehead, A.N. 130
ボンヘッファー、ディートリッヒ
Bonhoeffer, Dietrich 219
〈ま〉
マッコーリー、ジョン
Macquarrie, John 127
〈も〉
モルトマン、ユルゲン
Moltmann, Jurgen 253
〈ら〉
ラングフォード、トーマス
Langhord, Thomas 93
〈る〉
ルター、マルティン Luther, Martin 80.162,178
〈ろ〉
ロック、ジョン Locke, John 93
〈わ〉
ワイレー、H オートン
Wiley, H. Orton 136
ワインクープ、ミルドレッド バングス
Wynkoop, Mildred Bangs 51

人名索引

〈あ〉
アウグスティヌス　Augustine　67,163,176-178,189,195
アウトラー、アルバート　Outler, Albert　78
アクィナス、トマス　Aquinas　61,65,75
アルミニウス、ヤコブス　Arminius, James　88,113
アンセルムス　Anselm　67-71
〈う〉
ヴァン・ビューレン、ポール　von Buren, Paul　110
ヴィーゼル、エリ　Wiesel, Elie　42,116
ウェスレー、ジョン　Wesley, John　37,42, 46 以下 ,57 以下 ,79 以下 , 102-105,140,144,162,174,195,223
ウェスレー、チャールズ　Wesley, Charles　45,49
〈え〉
エイレナイオス　Irenaeus　172-173,179
〈お〉
オットー、ハインリッヒ　Ott, Heinrich　74
〈か〉
ガウニーロ　Gaunilo　69
カミュ、アルベール　Camus, Albert　115,229-231
カルヴァン、ジョン　Calvin, John　178
カント、インマヌエル　Kant, Immanuel　71-72,88-89
〈き〉
キング・ジュニア、マルティン・ルーサー　King Jr., Martin Luther　252
〈こ〉
コッブ、ジョン　Cobb, John　237
〈さ〉
サンナー、A E　Sanner,A.E.　42, 註 2
〈し〉
ジュエット、ロバート　Jewett, Robert　221,243
シュパンゲンベルグ、アウグストス　Spangenberg Augustus　79
〈そ〉
ソンタグ、フレデリック　Sontag, Fredrick　186
〈た〉
ダニング、H レイ　Dunning, H. Ray　下・285,288
ダン、ジョン　Donne, John　168
〈て〉
ティリッヒ、パウル　Tillich, Paul　62
〈に〉
ニーチェ、フリードリヒ　Nietzsche, Friedrich　210
〈は〉
ハートマン、デイヴィッド　Hartman, David　203
ハイデガー、マルティン

聖書索引

旧約聖書

創世記

出エジプト記

［訳者］**大頭眞一**（おおず・しんいち）

1960年神戸市生まれ。北海道大学経済学部卒業後、三菱重工に勤務。英国マンチェスターのナザレン・セオロジカル・カレッジ（BA、MA）と関西聖書神学校で学ぶ。日本イエス・キリスト教団香登教会伝道師・副牧師を経て、現在、京都府・京都信愛教会／天授ヶ岡教会／明野キリスト教会牧師、関西聖書神学校講師。

主な著書：『聖書は物語る』（2013、2025[9]）、『聖書はさらに物語る』（2015、2024[5]）、共著：『焚き火を囲んで聴く神の物語・対話篇』（2017）、『アブラハムと神さまと星空と　創世記・上』（2019、2024[3]）、『天からのはしご　創世記・下』（2020、2022[2]）、『栄光への脱出　出エジプト記』（2021、2024[2]）、『聖なる神の聖なる民　レビ記』（2021、2024[2]）、『何度でも 何度で 何度でも 愛　民数記』（2021、2024[2]）、『えらべ、いのちを　申命記・上』（2022）、『神さまの宝もの　申命記・中』（2023）、『いのち果てるとも　申命記・下』（2023）、『時が満ちて　マルコの福音書Ⅰ』、『わたしを誰と呼ぶか　マルコの福音書Ⅱ』（2025、以上ヨベル）、『焚き火を囲んで聴く神の物語・聖書信仰篇』（2021年、ライフストーラー企画）、ほか

主な訳書：マイケル・ロダール『神の物語』（日本聖化協力会出版委員会、2011、2012[2]）、マイケル・ロダール『神の物語　上・下』（ヨベル新書、2017、2025[2]）、英国ナザレン神学校著『聖化の再発見 上・下』（共訳、いのちのことば社、2022）、ほか

ヨベル新書 043

神の物語　上

2017年10月25日 初版発行

2025年6月10日 2版発行

著　者 ── マイケル・ロダール（Michael Lodahl, Ph. D.）

訳　者 ── 大頭眞一

発行者 ── 安田正人

発行所 ── 株式会社ヨベル　YOBEL, Inc.

〒113-0033 東京都文京区本郷 4-1-1　菊花ビル 5F

TEL03-3818-4851　FAX03-3818-4858

e-mail：info@yobel. co. jp

印　刷 ── 中央精版印刷株式会社

装　幀 ── ロゴスデザイン：長尾 優

配給元─日本キリスト教書販売株式会社（日キ販）

〒112－0014　東京都文京区関口 1-4-4　宗屋関口ビル　Tel 03-3260-5670

　ISBN978-4-907486-51-8 C0216

◇大頭眞一先生の本◇

焚き火を囲んで聴く神の物語・対話篇
―― 大頭眞一と焚き火を囲む仲間たち

焚き火を囲めるようなおとなになりたい！　自分の理解や主張を応答として重ねることができる成熟した大人たちが 13 人で本書を構成、また著名な方々の祝辞が添えられている。読者のマインドとスピリットの成長を促してくれる本である。

藤本 満師（インマヌエル高津教会牧師）

聖書は物語る
―― 一年 12 回で聖書を読む本

聖書を一続きの物語として捕らえ、一貫する世界観を提示！絵や図表が多い。読んでみると 12 の章立ても小見出しも明快で文章も非常に読みやすい。**正木牧人師**（神戸ルーテル神学校校長）

聖書はさらに物語る
―― 一年 12 回で聖書を読む本

読者のニーズに応え、興味を持つ人々に、聖書を「神の物語」と捕らえ、私共の人生の四季折々に介入してくださる御方として紹介！　**工藤信夫師**（精神科医・平安女学院名誉教授）

四六・368 頁 2500 円
ISBN978-4-907486464

A5・112 頁 1100 円
ISBN978-4-946565847

A5・112 頁 1100 円
ISBN978-4-907486198

税別表示